基础阶
Basic Stage
1

符合《国际中文教育中文水平等级标准》
Complies with *Chinese Proficiency Grading Standards for International Chinese Language Education*

K12 标准中文

K12 Standard Chinese

《K12标准中文》编写组 编著

北京语言大学出版社
BEIJING LANGUAGE AND CULTURE
UNIVERSITY PRESS

© 2024 北京语言大学出版社，社图号 24143

图书在版编目（CIP）数据

K12 标准中文 . 1 /《K12 标准中文》编写组编著 . --
北京 : 北京语言大学出版社 , 2024. 10. -- ISBN 978-7-
5619-6626-6

Ⅰ . H195.4

中国国家版本馆 CIP 数据核字第 2024AL1523 号

K12 标准中文1
K12 BIAOZHUN ZHONGWEN 1

责任编辑：刘奕君	**英文编辑**：侯晓娟
责任印制：周 焱	**装帧设计**：张晶晶
排版制作：薛 成	

出版发行：北京语言大学出版社

社　　址：北京市海淀区学院路 15 号，100083

网　　址：www.blcup.com

电子信箱：service@blcup.com

电　　话：编辑部　8610-82303647/3592/3395
　　　　　　国内发行　8610-82303650/3591/3648
　　　　　　海外发行　8610-82303365/3080/3668
　　　　　　北语书店　8610-82303653
　　　　　　网购咨询　8610-82303908

印　　刷：北京联兴盛业印刷股份有限公司

版　　次：2024 年 10 月第 1 版　　**印　　次**：2024 年 10 月第 1 次印刷

开　　本：889 毫米 × 1194 毫米　1/16　　**印　　张**：10.25

字　　数：120 千字
　　　　　　07800

PRINTED IN CHINA

凡有印装质量问题，本社负责调换。售后 QQ 号 1367565611，电话 010-82303590

总　策　划：任书良

策　　　划：梁晓晶　唐时雨

编　　　者：顾建忠　唐时雨　房嘉慧

　　　　　　王叶子　李　君　张晓飞

插画绘制：杨人洁

编写说明

《K12标准中文》系列教材是为K-12年级非母语学习者编写的国际中文分级教材，旨在让学习者在喜闻乐见的中国现代生活和传统文化故事中实现语言水平的逐级提升。教材从语言与文化两个维度，严格对标中国教育部中外语言交流合作中心发布的《国际中文教育中文水平等级标准》(GF 0025—2021)(以下简称《等级标准》)及《国际中文教育用中国文化和国情教学参考框架》(以下简称《参考框架》)。本套教材遵循"结构—功能—文化"相结合的原则，以学生为中心，以语言运用为导向，结合美国《21世纪外语学习标准》中提出的"5C"目标(Communication 沟通、Cultures 文化、Connections 贯连、Comparisons 比较、Communities 社区)，秉持"汉字为基，文化为体，兴趣为本，分级为纲"的理念设计编写。教材尊重二语习得规律，内容设置循序渐进，形成了语言教学和文化教学的闭环交融结构。

《K12标准中文》系列教材依据《等级标准》中提出的"三等九级"新范式进行编写，结合K-12学段学习者实际需求，进一步将分级标准细化为"五阶九级"，形成从基础阶、初阶，到中阶、进阶，再到高阶的螺旋式上升结构，九个级别与《等级标准》——对应。在参考语法和词汇等级教学大纲的基础上，依据《参考框架》，从文化知识、文化理解、跨文化意识、文化态度四个维度精心设计教学内容。文化教学遵循具体到抽象的原则，从浅层文化逐步过渡到深层文化，将文化分级融入教材之中，力求全面、系统、客观地向世界介绍中国文化和当代国情，为促进文明交流互鉴和构建人类命运共同体做出积极贡献。

《K12标准中文》系列教材入选两项科研基金项目：教育部中外语言交流合作中心(CLEC)科研基金项目"《国际中文教育中文水平等级标准》教学资源建设"(项目编号YHJC21ZD-059)和汉考国际(CTI)科研基金项目"新时代背景下基于《国际中文教育中文水平等级标准》的K-12中小学中文教材开发"(项目编号CT12021B06)。全套教材已于2024年通过汉考国际HSK/YCT考试适用性认证，适用于HSK和YCT考试，推荐各国中小学中文学习者使用。

《K12标准中文》设五个阶段，共九个级别：

基础阶（《K12标准中文》1级）：对标《等级标准》1级、HSK1级、YCT1级，侧重于5C中的Communication（沟通）。在基础阶段，学习者能就日常起居、个人信息等基本社会话题进行简单交际，了解基本文化常识及日常社交礼仪与行为规范。

初阶（《K12标准中文》2级）：对标《等级标准》2级、HSK2级、YCT2～3级，侧重于5C中的Communication（沟通）。学习者能就家庭情况、居住环境、购物等话题进行简短交流并完成相关交际任务，能够掌握中国节庆文化相关习俗，并能关联本国文化相关因素。

中阶（《K12标准中文》3～4级）：对标《等级标准》3～4级、HSK3～4级、YCT4级，侧重于5C中的Communication（沟通）、Communities（社区）和Cultures（文化）。学习者能就校园生活、旅游出行等话题进行完整、连贯的交流并完成就医、邀请等交际任务，能够掌握名胜古迹、饮食文化、传统艺术等文化内容，并能进行文化对比。

进阶（《K12标准中文》5～6级）：对标《等级标准》5～6级、HSK5～6级，侧重于5C中的Cultures（文化）和Comparisons（比较）。学习者能就人际交往、社会现象等话题进行丰富、流畅、得体的社会交际并完成相关交际任务（如发表见解、谈论历史文化等），能够掌握中国寓言故事、当代文学艺术、对外交往等多样性文化内容，理解社会现象背后的文化内涵并适当发表见解。

高阶（《K12标准中文》7～9级）：对标《等级标准》7～9级、HSK7～9级，侧重于5C中的Cultures（文化）、Comparisons（比较）和Connections（贯连）。学习者能就各类高层次或专业话题进行较为规范、流利、得体的社会交际，能够理解中国社会生活和当代国情的特点及其文化内涵，具备分析与评价中国文化的动态发展与影响因素的能力。

《K12标准中文》编写组

2024年7月12日

Introduction

The *K12 Standard Chinese* series of teaching materials is an international Chinese graded textbooks designed for non-native language learners in K-12 grades, aiming to enable students to achieve a gradual improvement in language proficiency through enjoyable stories on modern Chinese life and traditional culture. Based on language and culture, the textbook is compiled in strict accordance with the *Chinese Proficiency Grading Standards for International Chinese Language Education* (GF0025-2021) (hereinafter referred to as the Grading Standards) and *The Framework of Reference for Chinese Culture and Society in International Chinese Language Education* (hereinafter referred to as the *Framework of Reference*) released by MOE Center for Language Education and Cooperation. This series of teaching materials follows the principle of combining structure, function and culture with students as the center and language use as the guide. It combines the "5C" goals (Communication, Cultures, Connections, Comparisons, and Communities) proposed by *Standards for Foreign Language Teaching in the 21st Century* in the US and upholds the writing ideas of "taking the Chinese characters as the basis, culture as the body, interest as the foundation and grading as the outline". It respects the law in second language acquisition, and designs the content step by step, thus forming a close-loop integration structure of language teaching and cultural teaching.

The *K12 Standard Chinese* series of textbooks is developed based on the new paradigm of "three bands and nine levels" proposed in the *Grading Standards*. Combined with K-12 learners' actual needs, the grading standards are further divided into "five stages and nine levels", thus forming a spiral upward structure ranging from the basic stage, initial stage, to the intermediate stage, pre-advanced stage, and then to the advanced stage. The nine levels have a one-to-one correspondence to the *Grading Standards*. Referring to the teaching syllabus for grammar and levels of vocabulary and based on *The Framework of Reference*, the teaching content is carefully designed from four aspects: knowledge of culture, understanding of culture, cross-cultural consciousness, and attitude towards culture. It teaches culture from the specific to the abstract, from the elementary to the profound, and strives to introduce Chinese culture and its contemporary national conditions to the world comprehensively, systematically and objectively, thus making positive contributions to promoting exchange and mutual learning among civilizations and building a community with a shared future for mankind.

The *K12 Standard Chinese* series of textbooks has been selected for two research fund projects: "Teaching Resources Construction for *Chinese Proficiency Grading Standards for International Chinese Language Education*" (project number YHJC21ZD-059), a scientific fund project sponsored by the MOE Center for Language Education and Cooperation (CLEC) and "Development of Chinese Textbooks for K-12 Primary and Secondary Schools Based on *Chinese Proficiency Grading Standards for International Chinese Language*

Education in the New Era" (project number CT12021B06), a scientific fund project sponsored by Chinese Testing International Co., Ltd. (CTI). The whole series of teaching materials has passed the applicability certification of HSK/YCT organized by CIT in 2024, and is suitable for these international tests for Chinese language. It is recommended to Chinese language learners in primary and secondary schools around the world.

The *K12 Standard Chinese* has five stages and totals 9 levels: the basic stage (Level 1 of *K12 Standard Chinese*) corresponds to Level 1 of *Grading Standards* or HSK1/YCT1, emphasizing on Communication in the "5C". In basic stage, students can have simple communication on daily life, personal information and other basic social topics, and understand basic cultural knowledge and daily social etiquette and behavior norms.

The initial stage (Level 2 of *K12 Standard Chinese*) corresponds to Level 2 of *Grading Standards* or HSK2/YCT2-3, emphasizing on Communication in the "5C". Students can communicate briefly on topics such as family background, living environment, shopping, etc. and complete relevant communication tasks. They can master the related customs on Chinese festivals, and can also relate to cultural factors in their own country.

The intermediate stage (Levels 3-4 of *K12 Standard Chinese*) corresponds to Levels 3-4 of *Grading Standards* or HSK3-4/YCT4, emphasizing on Communication, Communities, and Cultures in the "5C". Students can communicate completely and coherently on campus life, travel and other topics, and complete communication tasks such as seeking medical treatment and making invitations. They can learn places of interest, food culture, traditional art and other culture, and make cultural comparisons.

The pre-advanced stage (Levels 5-6 of *K12 Standard Chinese*) corresponds to Levels 5-6 of *Grading Standards* or HSK5-6, emphasizing on Cultures and Comparisons in the "5C". Students can carry out abundant, fluent and appropriate social communication on interpersonal communication, social phenomena, and other topics, and complete relevant communication tasks (such as expressing opinions and talking about history and culture). They can master China's fables, contemporary literature and art, foreign communication and other diverse cultural contents, understand the cultural connotations behind social phenomena and express their opinions appropriately.

The advanced stage (Levels 7-9 of *K12 Standard Chinese*) corresponds to Levels 7-9 of *Grading Standards* or HSK7-9, emphasizing on Cultures, Comparisons and Connections in the "5C". Students can conduct standardized, fluent and appropriate social communication on various advanced or professional topics, understand the characteristics and cultural connotations of China's social life and contemporary national conditions, and have the ability to analyze and evaluate the dynamic development and influencing factors of Chinese culture.

Writing Group of *K12 Standard Chinese*
July 12, 2024

目录

Unit 1
问候招呼
Greetings

第一课　预备课（一）······ 2
Lesson 1 Preparatory Course (1)

第二课　预备课（二）······ 23
Lesson 2 Preparatory Course (2)

第三课　问候 ······ 37
Lesson 3 Greetings

Unit 2
自我介绍
Self-Introduction

第四课　自我介绍······ 46
Lesson 4 Self-Introduction

第五课　家庭成员······ 51
Lesson 5 Family Members

第六课　个人爱好 ······ 60
Lesson 6 Personal Hobbies

Unit 3
日常起居
Daily Routine

第七课　月份······ 68
Lesson 7 Months

第八课　日常起居······ 73
Lesson 8 Daily Routine

第九课　购物······ 82
Lesson 9 Shopping

Unit 4

穿衣打扮
Getting Dressed

第十课　颜色 ·· 94
Lesson 10　Colors

第十一课　穿着 ·· 99
Lesson 11　Apparel

第十二课　人体部位 ·· 107
Lesson 12　Body Parts

Unit 5

三餐饮食
Three Meals a Day

第十三课　蔬菜水果 ·· 118
Lesson 13　Fruits and Vegetables

第十四课　一日三餐 ·· 124
Lesson 14　Three Meals a Day

第十五课　外出就餐 ·· 131
Lesson 15　Eating out

词汇表 ·· 141

第一单元
Unit 1

问候招呼
wèn hòu zhāo hu

Greetings

第一课　预备课（一）
Lesson 1　Preparatory course (1)

拼音基础知识（一）
Basic Knowledge of Pinyin (1)

韵母

a o e i u ü
ai ei ui ao ou iu
ie üe er

声母

b p m f
d t n l
g k h j q x

预备课（一）

一、韵母 Finals

| a | o | e |
| ā 阿 | wō 喔 | é 鹅 |

a: ā á ǎ à
o: ō ó ǒ ò
e: ē é ě è

二、声调 Tones

1st tone
yī shēng
一声

2nd tone
èr shēng
二声

3rd tone
sān shēng
三声

4th tone
sì shēng
四声

第一单元　问候招呼

三、标调规则 Rules for marking tones

xiǎo péng yǒu　wánr yóu xì
小 朋 友，玩儿 游 戏，

kàn jiàn　bǎ mào dài　bú zài　dài
看 见 a，把 帽 戴；a 不 在，o、e 戴。

　　yì qǐ zài　shéi zài hòu miàn gěi shéi dài
i、u 一 起 在，谁 在 后 面 给 谁 戴。

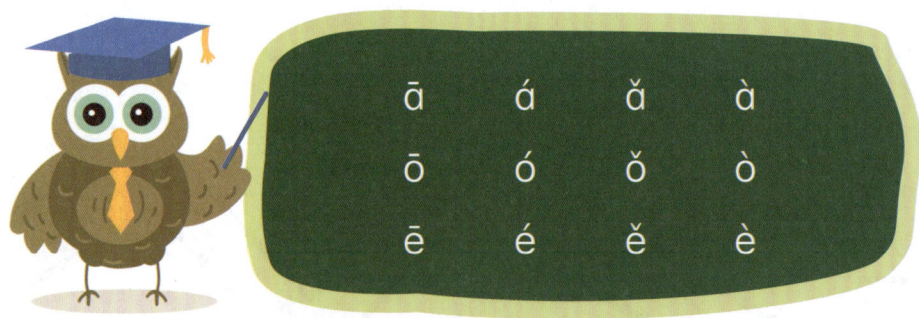

活动与练习　Activities and Exercises

一、读一读 Read aloud

ā　á　ǎ　à
ō　ó　ǒ　ò
ē　é　ě　è

二、拼一拼 Practice the Pinyin

bàba 爸爸　nǐmen 你们　　wǒmen 我们　gēge 哥哥
hǎo ma 好吗　māma 妈妈　　tāmen 他们　dìdi 弟弟

三、学一学 Study it

gōng jī wō wō tí
公 鸡 喔 喔 啼，

wǒ qù shàng xué xiào
我 去 上 学 校，

jiàn le lǎo shī wèn shēng zǎo
见 了 老 师 问 声 早。

4

拼音基础知识（二）
Basic Knowledge of Pinyin (2)

韵母 Finals

 **拼写规则 Spelling rules**

 "i" is written as "y" if it is at the beginning of a syllable (e.g. iě→yě). "i" is written as "y" when it forms a syllable by itself (e.g. ī→yī).

 "u" is written as "w" if it is at the beginning of a syllable (e.g. uǒ→wǒ). "u" is written as "wu" when it forms a syllable by itself (e. g. ǔ→wǔ).

 When "ü" is at the beginning of a syllable or forms a syllable by itself , "y" is added to it and the two dots above are omitted (e.g. ǔ→yǔ).

第一单元 问候招呼

活动与练习 Activities and Exercises

学一学 Study it

xiǎo mǎ yǐ, yào guò hé, wū guī bó bo bǎ tā tuó, yú ér jiàn le xiào hē hē
小蚂蚁，要过河，乌龟伯伯把它驮，鱼儿见了笑呵呵。

sān xiōng dì, de tóu shang yǒu yì diǎn, de tóu shang méi yǒu diǎn,
i、u、ü 三 兄 弟，i 的 头 上 有 一 点，u 的 头 上 没 有 点，

de tóu shang yǒu liǎng diǎn
ü 的 头 上 有 两 点。

拼音基础知识（三）
Basic Knowledge of Pinyin (3)

声母 Initials

b	p	m	f
bō	pō	mō	fó
波	坡	摸	佛

b bō bó bǒ bò

p pō pó pǒ pò

m mō mó mǒ mò

f fó

预备课（一） 1

活动与练习 Activities and Exercises

一、读一读 Read aloud

bā–bá–bǎ–bà	pō–pó–pǒ–pò	mī–mí–mǐ–mì
bō–bó–bǒ–bò	pī–pí–pǐ–pì	mú–mǔ–mù
bī–bí–bǐ–bì	pū–pú–pǔ–pù	fā–fá–fǎ–fà
bū–bú–bǔ–bù	mā–má–mǎ–mà	fó
pā–pá–pà	mō–mó–mǒ–mò	fū–fú–fǔ–fù

7

第一单元　问候招呼

二、拼一拼 Practice the Pinyin

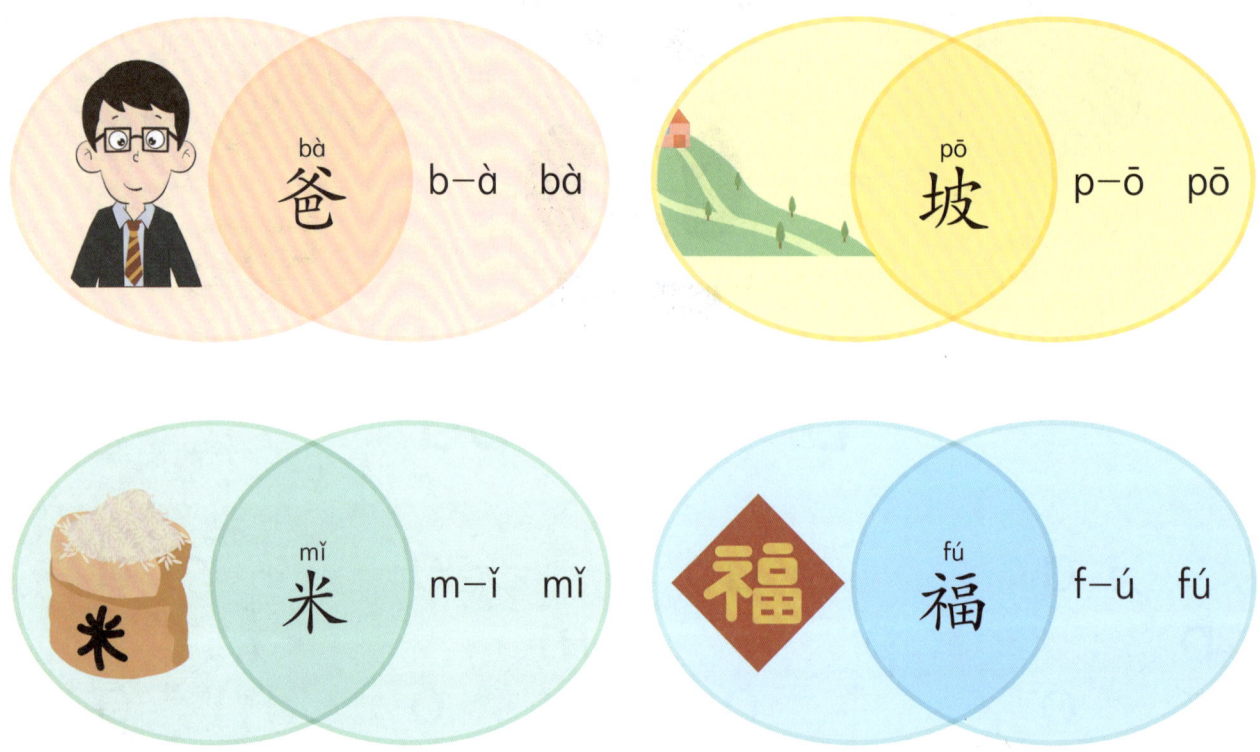

拼音基础知识（四）
Basic Knowledge of Pinyin (4)

声母 Initials

8

预备课（一） 1

 活动与练习　Activities and Exercises

一、拼一拼 Practice the Pinyin

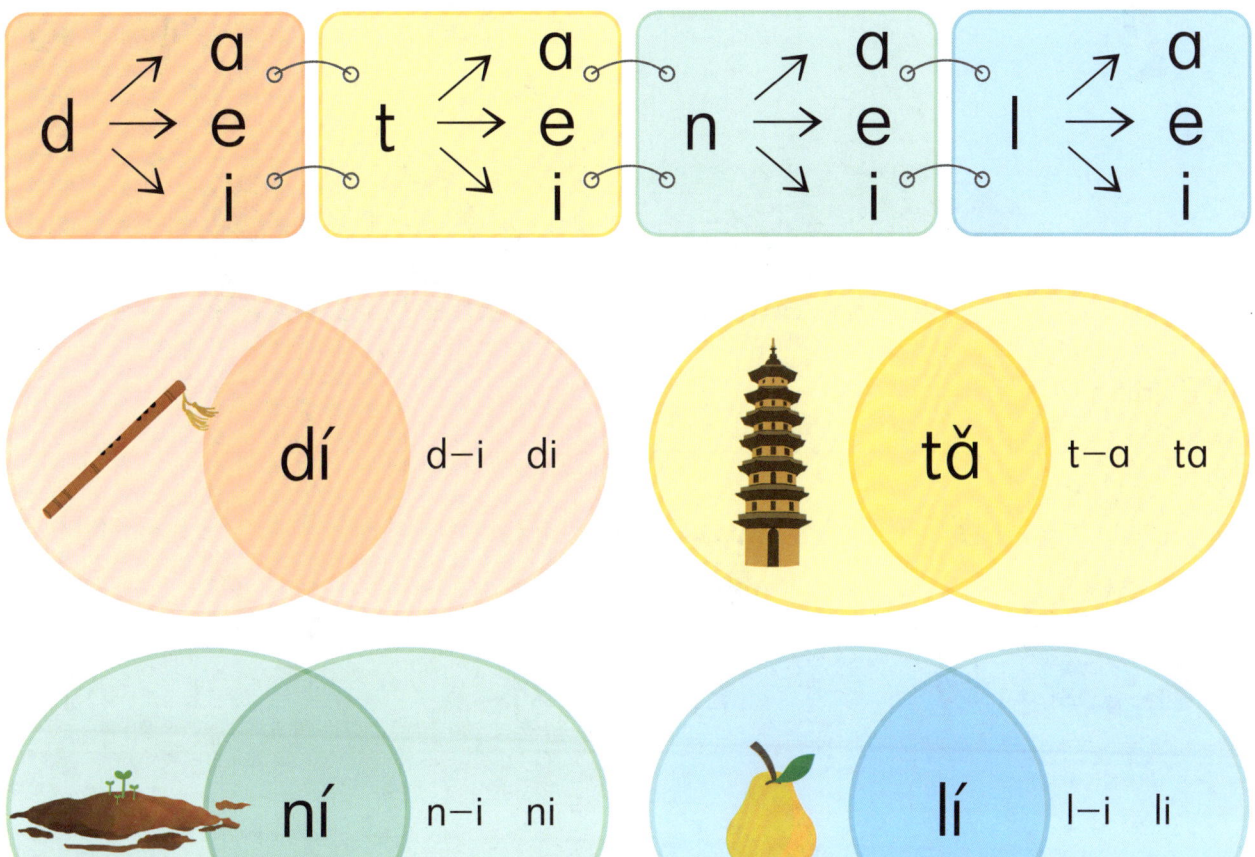

二、读一读 Read aloud

dā-dá-dǎ-dà	tī-tí-tǐ-tì	nǚ-nǜ
dē-dé-dè	tū-tú-tǔ-tù	lā-lá-lǎ-là
dī-dí-dǐ-dì	nā-ná-nǎ-nà	lē-lè
dū-dú-dǔ-dù	né-nè	lī-lí-lǐ-lì
tā-tǎ-tà	nī-ní-nǐ-nì	lū-lú-lǔ-lù
tè	nú-nǔ-nù	lǘ-lǚ-lǜ

9

第一单元 问候招呼

三、学一学 Study it

wù kōng běn lǐng dà　tiān bīng quán bú pà
悟空本领大，天兵全不怕。
dǎ bài le né zhā　wù kōng xiào hā hā
打败了哪吒，悟空笑哈哈。

拼音基础知识（五）
Basic Knowledge of Pinyin (5)

韵母 Initials

　ai　　ei　　ui
　　　　nǎi　　　　　　mèi　　　　　　duì
　　　　奶　　　　　　 妹　　　　　　　对

活动与练习　Activities and Exercises

一、拼一拼 Practice the Pinyin

b - ái → bái　　g - uī → guī

　　guī tù sài pǎo

二、读一读 Read aloud

bāi-bái-bǎi-bài　　lái-lài　　dēi-děi

pāi-pái-pǎi-pài　　bēi-běi-bèi　　něi-nèi

mái-mǎi-mài　　pēi-péi-pèi　　lēi-léi-lěi-lèi

tāi-tái-tǎi-tài　　méi-měi-mèi　　duī-duì

nǎi-nài　　fēi-féi-fěi-fèi

三、学一学 Study it

xiǎo mèi mei，qǐ de zǎo，gēn zhe nǎi nai zuò zǎo cāo，
小妹妹，起得早，跟着奶奶做早操，
tī tī tuǐ lái shēn shēn yāo，shēn tǐ jiàn kāng bù chī yào。
踢踢腿来伸伸腰，身体健康不吃药。

拼音基础知识（六）
Basic Knowledge of Pinyin (6)

韵母 Finals

活动与练习　Activities and Exercises

一、拼一拼 Practice the Pinyin

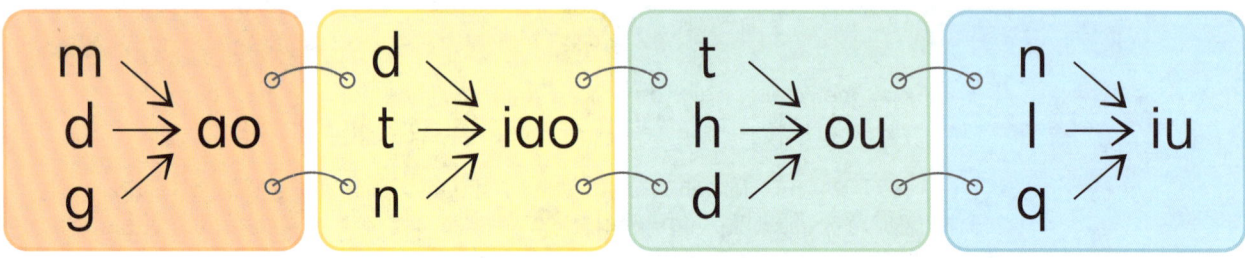

xiǎo gǒu
小 狗
x–i–ǎo → xiǎo
g–ǒu → gǒu

xiǎo qiáo
小 桥
x–i–ǎo → xiǎo
q–i–áo → qiáo

二、读一读 Read aloud

bāo-báo-bǎo-bào　　nāo-náo-nǎo-nào　　liū-liú-liǔ-liù

pāo-páo-pǎo-pào　　lāo-láo-lǎo-lào　　fǒu

māo-máo-mǎo-mào　　tōu-tóu-tǒu-tòu　　dōu-dǒu-dòu

dāo-dáo-dǎo-dào　　diū　　niū-niú-niǔ-niù

tāo-táo-tǎo-tào　　lōu-lóu-lǒu-lòu

三、学一学 Study it

hóng huáng lán lǜ hēi
红 黄 蓝 绿 黑，

wǔ huán zhēn yōu měi
五 环 真 优 美。

wǔ zhōu shǒu lā shǒu
五 洲 手 拉 手，

kuài lè lái xiāng huì
快 乐 来 相 会。

拼音基础知识（七）
Basic Knowledge of Pinyin (7)

声母 Initials

 活动与练习 Activities and Exercises

一、拼一拼 Practice the Pinyin

二、读一读 Read aloud

gā-gá-gǎ-gà kā-kǎ hā-há-hǎ-hà

gē-gé-gě-gè kē-ké-kě-kè hē-hé-hè

gū-gǔ-gù kū-kǔ-kù hū-hú-hǔ-hù

gāo-gǎo-gào kāo-kǎo-kào hāo-háo-hǎo-hào

三、学一学 Study it

fēi lái bái gē
飞来白鸽 g g g,

yóu guò kē dǒu
游过蝌蚪 k k k,

qīng qīng xiǎo hé
清清小河 h h h。

拼音基础知识（八）
Basic Knowledge of Pinyin (8)

声母 Initials

活动与练习 Activities and Exercises

一、拼一拼 Practice the Pinyin

二、读一读 Read aloud

jī-jí-jǐ-jì   qī-qí-qǐ-qì   xī-xí-xǐ-xì

jiā-jiá-jiǎ-jià   qiā-qiá-qiǎ-qià   xiā-xiá-xià

jū-jú-jǔ-jù   qū-qú-qǔ-qù   xū-xú-xǔ-xù

三、学一学 Study it

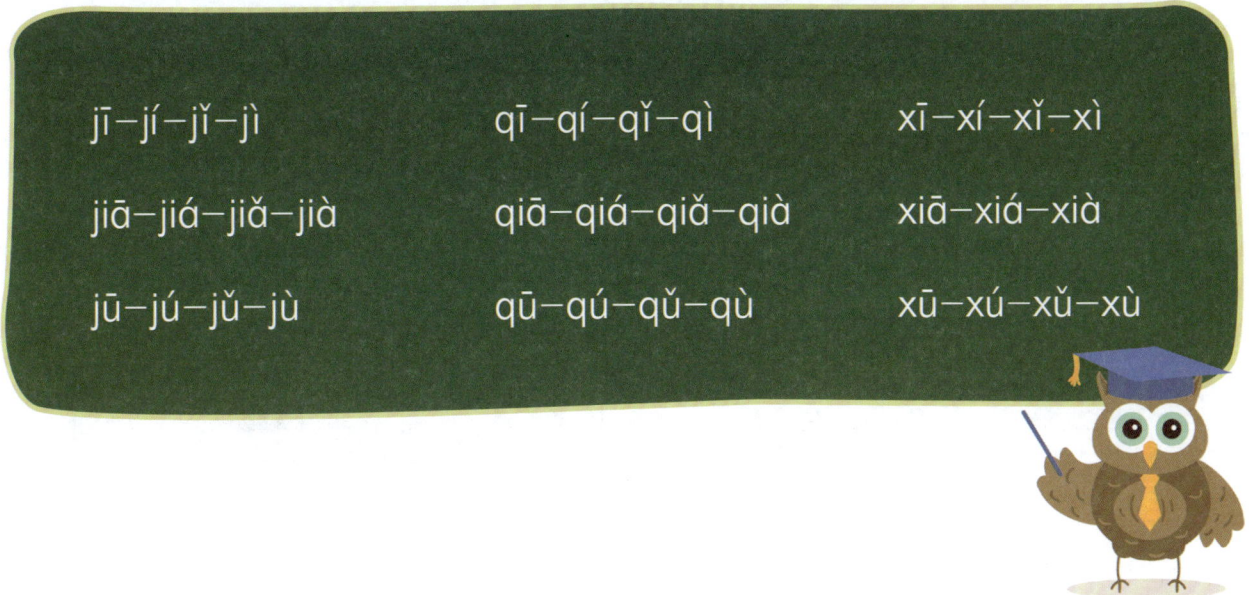

xǐ yī jī, wēng wēng xiǎng,
洗衣机，嗡嗡响，
mā ma xǐ yī tā bāng máng
妈妈洗衣她帮忙。

第一单元 问候招呼

拼音基础知识（九）
Basic Knowledge of Pinyin (9)

韵母 Finals

ie — yè 夜　　üe — yuè 月　　er — ěr 耳

儿化韵

在有些音节中，韵母会带上一个卷舌动作（我们用"r"表示），这种卷舌的韵母就是"儿化韵"。

In some syllables, the final will be accompanied by a rolled tongue movement (represented by "r"), and this rolling final is called "r-rhyme".

对 duì (correct)　　画 huà (draw)　　信 xìn (believe/letter)
对儿 duìr (a pair)　　画儿 huàr (picture)　　信儿 xìnr (message)

活动与练习　Activities and Exercises

一、拼一拼 Practice the Pinyin

n–üe → nüe　　j–üe → jue　　x–üe → xue
l–üe → lüe　　q–üe → que

xué xí 学习

预备课（一） 1

二、读一读 Read aloud

biē-bié-biě-biè	niē-nié-niè	lüè
piē-piě-piè	liē-liě-liè	nüè
miē-miè	jiē-jié-jiě-jiè	juē-jué-juě-juè
diē-dié	qiē-qié-qiě-qiè	quē-qué-què
tiē-tiě-tiè	xiē-xié-xiě-xiè	xuē-xué-xuě-xuè

三、学一学 Study it

shí wǔ yuè ér míng
十 五 月 儿 明，

nǎi nai jiǎng gù shi
奶 奶 讲 故 事，

māo ér sūn ér yì qǐ tīng
猫 儿 孙 儿 一 起 听。

Tips

1. 三声变调 Third-tone sandhi

    If a third tone is immediately followed by another third tone, it is pronounced in the second tone, even though its tone mark usually remains unchanged in its written form. For example: nǐ hǎo (ní hǎo), hěn hǎo (hén hǎo).

2. 轻声 Neutral tone

    In Mandarin Chinese, there are a number of syllables which are unstressed and are pronounced in a "weak" tone. This is known as the neutral tone and is indicated by the absence of a tone mark. For example: 吗 ma, 呢 ne, and 们 men.

3. "不"的变调 Tone sandhi of "不(bù)"

    "不(bù)" is a fourth-tone syllable by itself. But it becomes a second tone if it is followed by a fourth tone. For example:

    bù hē   bù máng   bù hǎo
    bú shì   bú yào   bú qù

19

汉字基础知识
Basic Knowledge of Chinese Characters

一、基本笔画 Basic strokes

diǎn	héng	shù	piě	nà	tí	zhé	gōu
点	横	竖	撇	捺	提	折	钩

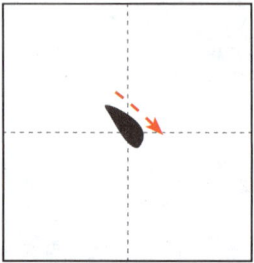 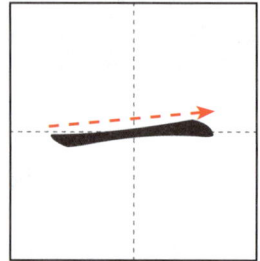 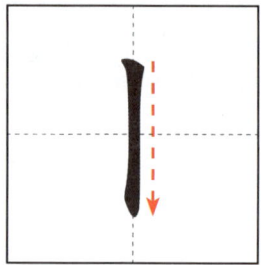 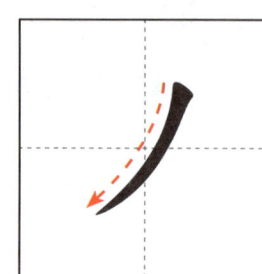

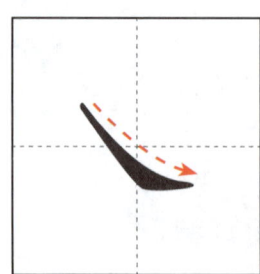 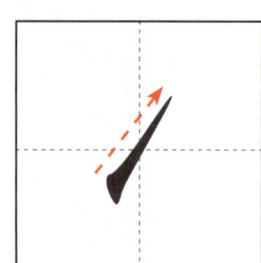 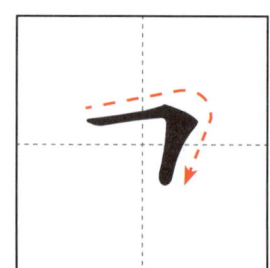 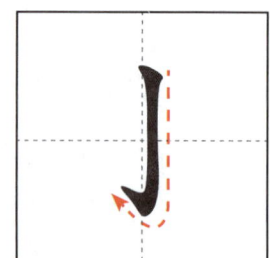

Chinese characters are composed of strokes, ranging from one stroke to several strokes. Strokes are typically of eight types, most of which appear in the Chinese character "永" (see it on the bottom left of this page). The right strokes are respectively explained and presented as below:

点 (diǎn) a dot

横 (héng) a horizontal stroke (from left to right)

竖 (shù) a vertical stroke (from top to bottom)

撇 (piě) a left-falling stroke

捺 (nà) a right-falling stroke

提 (tí) a diagonal stroke (from lower left to upper right)

折 (zhé) a bending stroke

钩 (gōu) a hook (usually continued from another stroke)

二、笔顺 Stroke Order

When writing Chinese characters, correct stroke order should be followed. The following principles should be observed when writing strokes:

1. 先上后下 Write the strokes from top to bottom

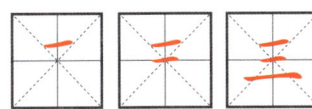

2. 先左后右 First write the strokes on the left, and then those on the right

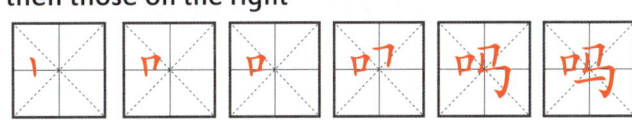

3. 先横后竖 First write the horizontal strokes, and then the vertical strokes

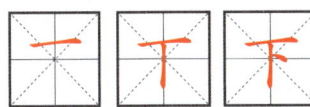

4. 先撇后捺 First write the left-falling strokes and then the right-falling strokes

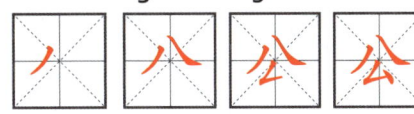

5. 先中间后两边 First write the strokes in the middle and then those on both sides

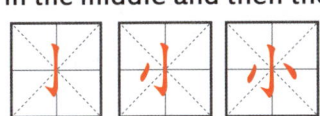

6. 先外后里 Write the strokes from outside to inside

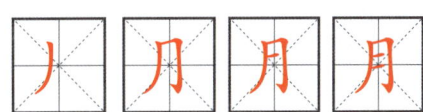

7. 先里面，后关门 Write the strokes from the inside and then enclose the characters

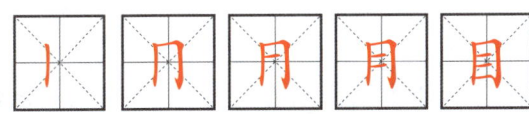

三、部首和偏旁 Components and radicals

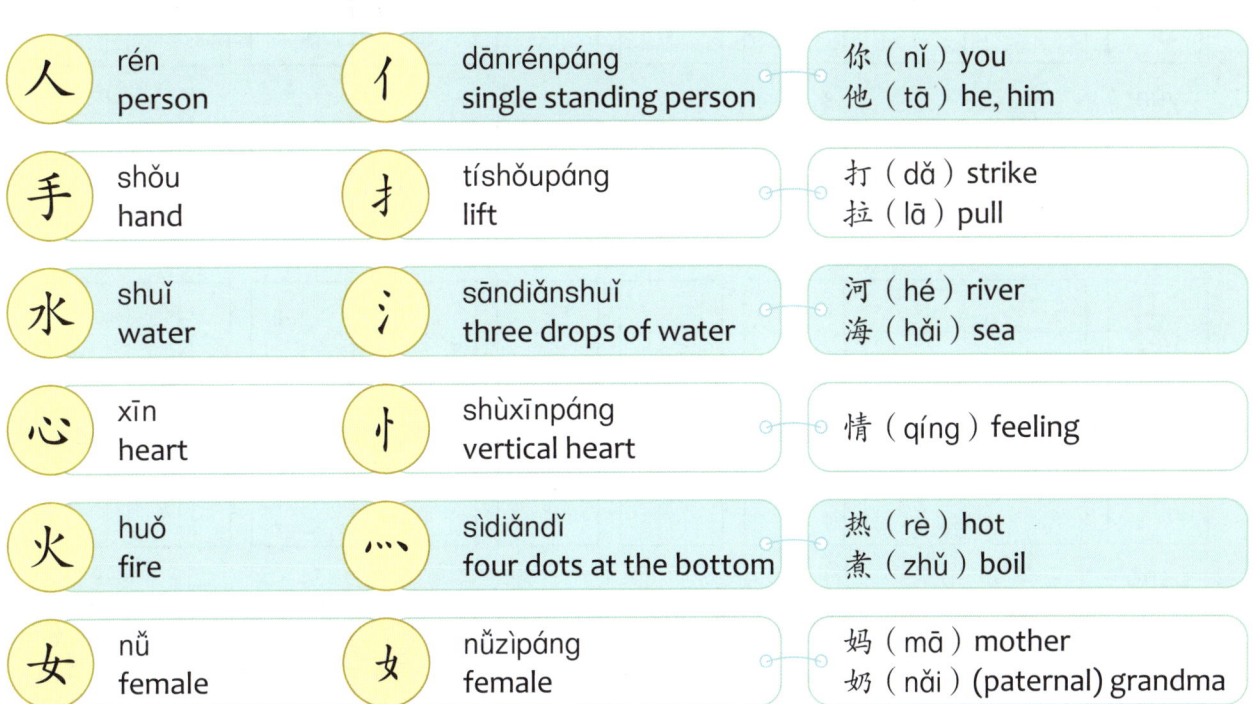

第一单元 问候招呼

 活动与练习 Activities and Exercises

一、抄写笔画 Write the strokes

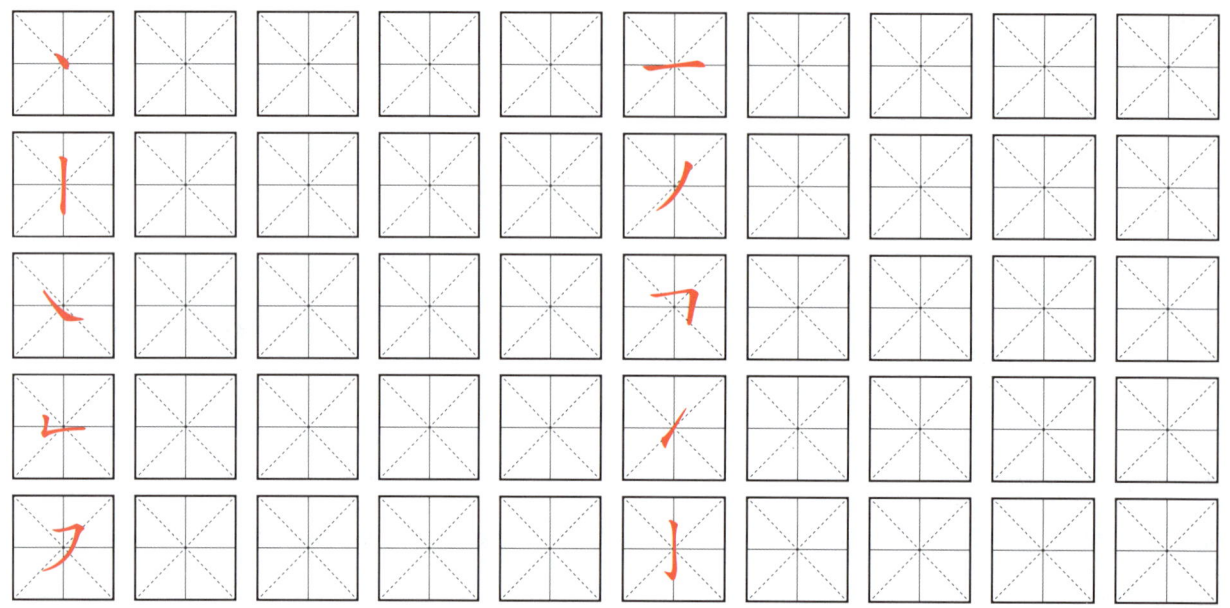

二、写出下列汉字的正确笔顺 Write the characters following the right stroke order

第二课　预备课（二）
Lesson 2　Preparatory Course (2)

拼音基础知识（十）
Basic Knowledge of Pinyin (10)

韵母	声母
an　en　in　un　ün ang　eng　ing　ong	zh　ch　sh　r z　c　s

韵母 Finals

第一单元 问候招呼

 活动与练习　Activities and Exercises

一、拼一拼 Practice the Pinyin

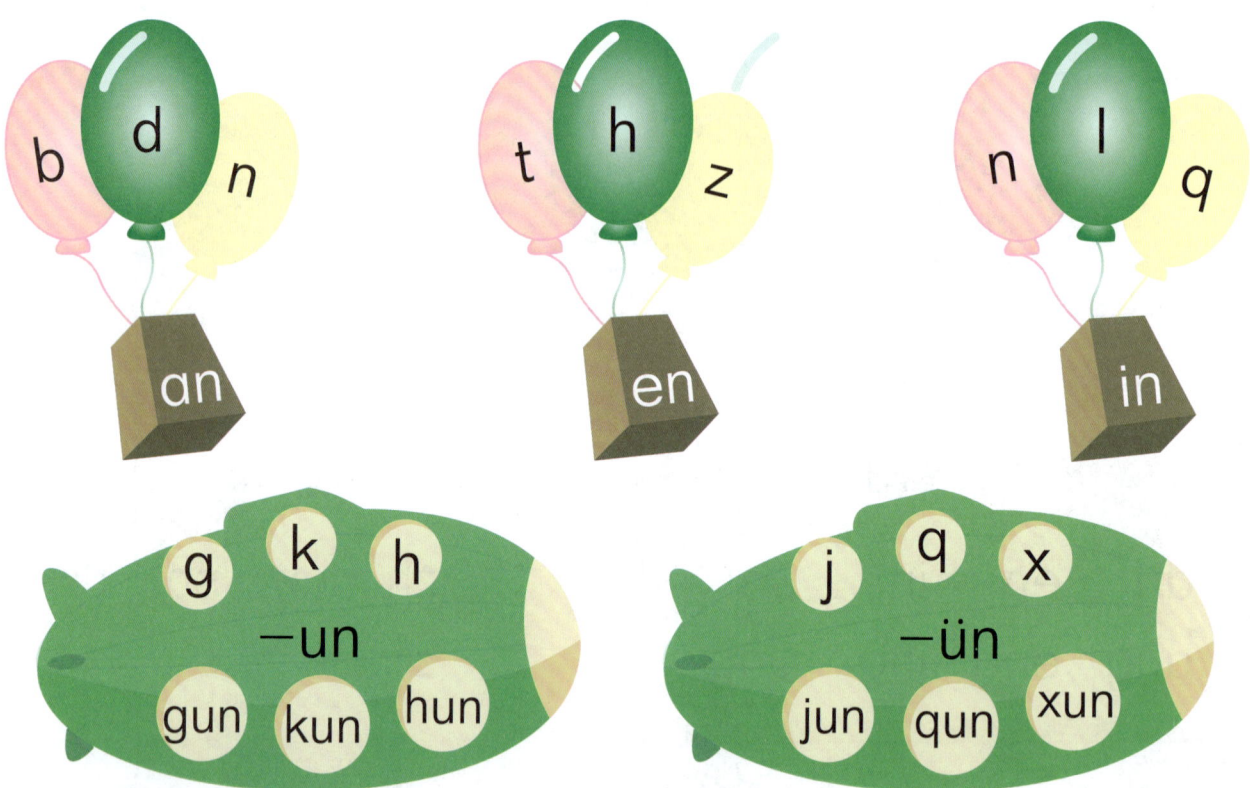

24

二、读一读 Read aloud

bān-bǎn-bàn	pēn-pén-pèn	nín
pān-pán-pàn	mēn-mén-mèn	līn-lín-lǐn-lìn
mān-mán-mǎn-màn	fēn-fén-fěn-fèn	jīn-jǐn-jìn
fān-fán-fǎn-fàn	dèn	qīn-qín-qǐn-qìn
dān-dǎn-dàn	nèn	xīn-xín-xǐn-xìn
tān-tán-tǎn-tàn	gēn-gén-gěn-gèn	tūn-tún-tǔn-tùn
nān-nán-nǎn-nàn	kěn-kèn	lūn-lún-lǔn-lùn
lán-lǎn-làn	hēn-hěn-hèn	hūn-hún-hùn
gān-gǎn-gàn	bīn-bìn	jūn-jùn
kān-kǎn-kàn	pīn-pín-pǐn-pìn	qūn-qún
hān-hán-hǎn-hàn	mín-mǐn	xūn-xún-xùn
bēn-běn-bèn		

三、学一学 Study it

xiǎo jīn yú　dà yǎn jing
小金鱼，大眼睛，
yáo tóu bǎi wěi zhēn gāo xìng
摇头摆尾真高兴。

第一单元 问候招呼

拼音基础知识（十一）
Basic Knowledge of Pinyin (11)

声母 Initials

zh — zhī 汁
ch — chī 吃
sh — shī 狮
r — rì 日

活动与练习　Activities and Exercises

一、拼一拼 Practice the Pinyin

sh-ù → shù
zhí shù 植树

ch-ū → chū
rì chū 日出

ch-á → chá
rè chá 热茶

ch-ú → chú
chú shī 厨师

zh-ū → zhū
zhī zhū 蜘蛛

26

预备课（二） 2

sh u o

sh u o shuo

jia
j-i-a

gua
g-u-a

guo
g-u-o

huo
h-u-o

x-i-ā → xiā
xiā
虾

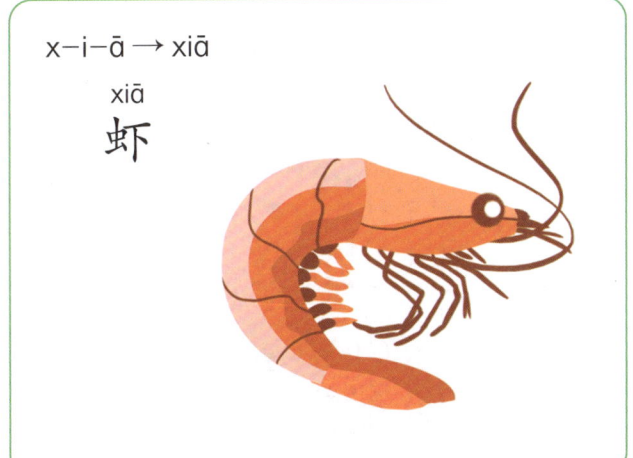

h-u-ā → huā
d-u-ǒ → duǒ
huā duǒ
花朵

第一单元 问候招呼

二、读一读 Read aloud

zhā–zhá–zhǎ–zhà　　chē–chě–chè　　　　shū–shú–shǔ–shù

zhē–zhé–zhě–zhè　　chū–chú–chǔ–chù　　rě–rè

zhū–zhú–zhǔ–zhù　　shā–shá–shǎ–shà　　rú–rǔ–rù

chā–chá–chǎ–chà　　shē–shé–shě–shè

三、学一学 Study it

yì qún hái zi kàn shī zi
一群孩子看狮子。

kāi kāi xīn xīn hē guǒ zhī
开开心心喝果汁。

拼音基础知识（十二）
Basic Knowledge of Pinyin (12)

声母 Initials

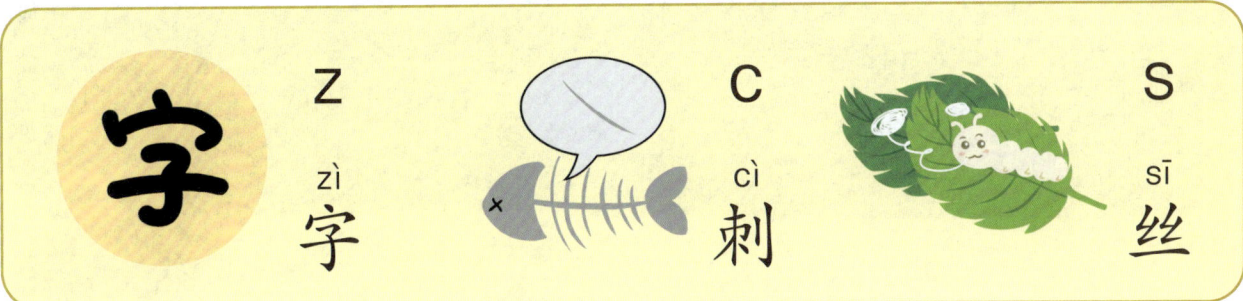

z — zì 字	c — cì 刺	s — sī 丝

活动与练习　Activities and Exercises

一、拼一拼 Practice the Pinyin

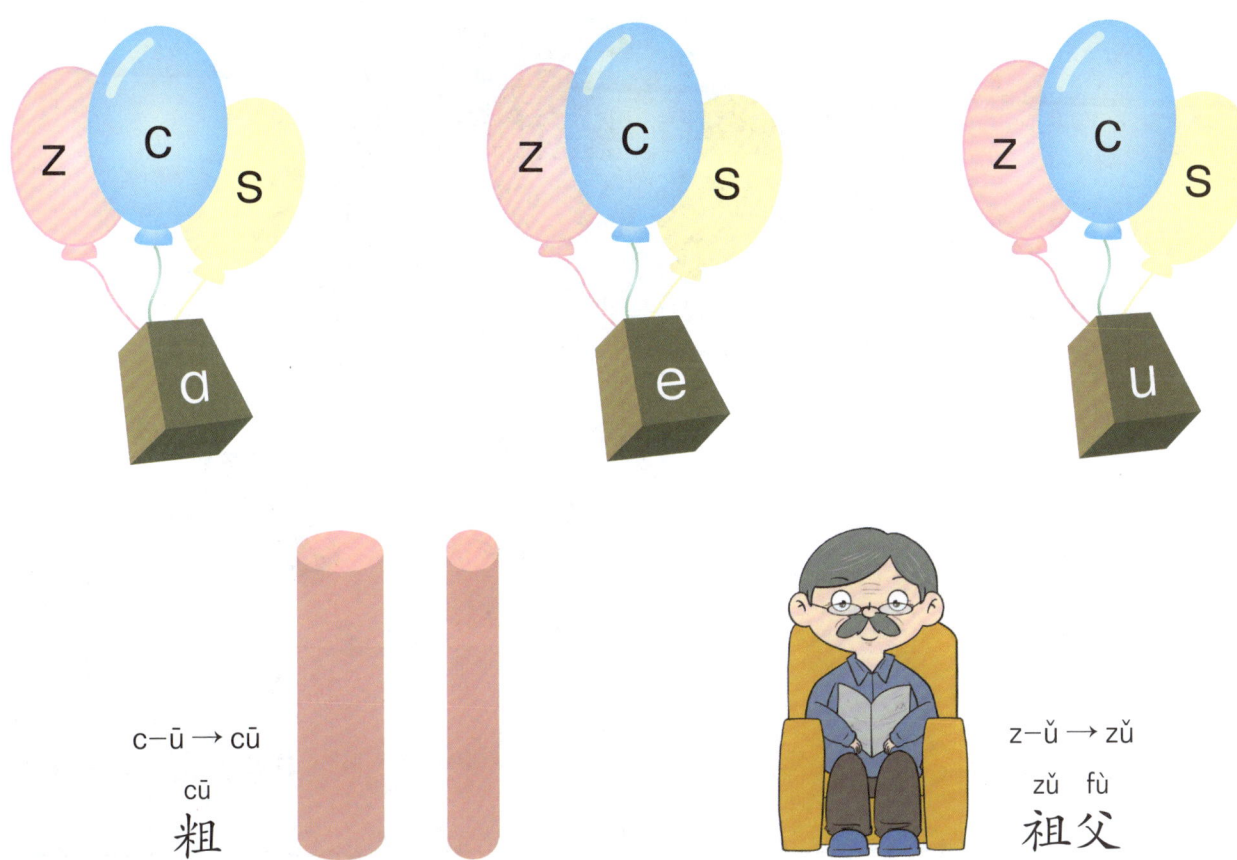

c-ū → cū
cū
粗

z-ǔ → zǔ
zǔ fù
祖父

第一单元　问候招呼

二、读一读 Read aloud

zā–zá–zǎ　　　cā–cǎ　　　sā–sǎ–sà

zé–zè　　　　cè　　　　　sè

zī–zǐ–zì　　　cī–cí–cǐ–cì　sī–sǐ–sì

zū–zú–zǔ　　cū–cú–cù　　sū–sú–sù

三、学一学 Study it

cán ér ài tǔ sī，lín lin ài xiě zì
蚕儿爱吐丝，林林爱写字，

cán sī tǔ le wàn qiān tiáo，lín lin xiě zì qiān bǎi cì
蚕丝吐了万千条，林林写字千百次。

30

预备课（二） 2

拼音基础知识（十三）
Basic Knowledge of Pinyin (13)

韵母 Finals

ang — fāng 方
eng — dēng 灯
ing — tíng 亭
ong — zhōng 钟

活动与练习 Activities and Exercises

一、拼一拼 Practice the Pinyin

f−áng → fáng
fáng wū
房屋

sh−ēng → shēng
xué shēng
学生

chuāng qián yǒu zhī xiǎo mì fēng
窗 前 有 只 小 蜜 蜂，
fēi dào xī　fēi dào dōng
飞 到 西，飞 到 东，
zhǎo dào yí gè hǎo péng you
找 到 一 个 好 朋 友，
yì qǐ fēi dào huā cóng zhōng
一 起 飞 到 花 丛 中。

31

二、读一读 Read aloud

bāng-bǎng-bàng	zhēng-zhěng-zhèng	qīng-qíng-qǐng-qìng
pāng-páng-pǎng-pàng	chēng-chéng-chěng-chèng	xīng-xíng-xǐng-xìng
māng-máng-mǎng	shēng-shéng-shěng-shèng	dōng-dǒng-dòng
dāng-dǎng-dàng	zēng-zèng	tōng-tóng-tǒng-tòng
lāng-láng-lǎng-làng	cēng-céng-cèng	nóng-nòng
gāng-gǎng-gàng	rēng-réng	lōng-lóng-lǒng-lòng
zhāng-zhǎng-zhàng	sēng	gōng-gǒng-gòng
sāng-sǎng-sàng	bīng-bǐng-bìng	zōng-zǒng-zòng
rāng-ráng-rǎng-ràng	pīng-píng	cōng-cóng
bēng-béng-běng-bèng	míng-mǐng-mìng	sōng-sóng-sǒng-sòng
gēng-gěng-gèng	dīng-dǐng-dìng	róng-rǒng
hēng-héng-hèng		

三、学一学 Study it

chūn tiān li   fàng fēng zheng
春天里，放风筝。
fēng zheng gāo   suí fēng piāo
风筝高，随风飘。
mì fēng fēi   lǎo yīng jiào
蜜蜂飞，老鹰叫，
gē ge mèi mei pāi shǒu xiào
哥哥妹妹拍手笑。

预备课（二）

拼音小练习　Pinyin Exercises

一、圈出正确的语音 Circle the right pronunciation

1. b	p	d	t		6. an	ang	en	eng
2. d	t	g	k		7. tiao	diao	biao	piao
3. p	f	n	l		8. duo	dou	diu	du
4. e	ei	ie	en		9. gao	gan	kao	kan
5. o	uo	ou	ao		10. fen	fei	feng	fang

二、圈出正确的声调 Circle the right tones

1. tān	tán	tǎn	tàn		6. kāng	káng	kàng	
2. dū	dú	dǔ	dù		7. liū	liú	liǔ	liù
3. yōu	yóu	yǒu	yòu		8. piāo	piáo	piǎo	piào
4. fēi	féi	fěi	fèi		9. bēi	běi	bèi	
5. gēng	gěng	gèng			10. kān	kǎn	kàn	

三、标出正确的声调 Mark the right tones

mao　　gou　　feng　　bu　　yu

pengyou　　xiao he　　gege　　qingwa　　he kafei

33

第一单元 问候招呼

课文 Text

shān cūn yǒng huái
山村咏怀

yí qù èr sān lǐ，yān cūn sì wǔ jiā
一去二三里，烟村四五家。
Gone two or three *li* (1 *li*=0.5 kilometer), and passed four or five villages in mist.

tíng tái liù qī zuò，bā jiǔ shí zhī huā
亭台六七座，八九十枝花。
Six or seven pavilions were on my way, with eight or nine flowering branches.

34

词语学习　　Word Learning

识写

1	一	yī	one		8	八	bā	eight
2	二	èr	two		9	九	jiǔ	nine
3	三	sān	three		10	十	shí	ten
4	四	sì	four		11	去	qù	go, leave
5	五	wǔ	five		12	里	lǐ	a Chinese measure word for length
6	六	liù	six		13	家	jiā	family, home
7	七	qī	seven		14	花	huā	flower

识读

1	烟	yān	smoke, mist		4	台	tái	platform, stage
2	村	cūn	village		5	座	zuò	a measure word for big fixed objects
3	亭	tíng	pavilion		6	枝	zhī	branch

第一单元 问候招呼

 活动与练习 Activities and Exercises

一、为以下数字标上拼音 Mark Pinyin for the following numbers

二、填数字 Fill with the numbers

1. ____去____三里，烟村____家。
   qù   sān lǐ   yān cūn   jiā

2. 亭台____座，____十枝花。
   tíng tái   zuò   shí zhī huā

三、数一数，说一说 Count and talk

数一数：你们班上有多少学生？男生有多少个？女生有多少个？数完后用中文说出来。How many students are there in your class? How many boys are there? How many girls are there? Say it in Chinese after counting.

第三课　问候
Lesson 3　　Greetings

 课文　Text

 情景一 Scene 1

大枫：你(nǐ)好(hǎo)！

小叶：你(nǐ)好(hǎo)！

大枫：认(rèn)识(shi)你(nǐ)很(hěn)高(gāo)兴(xìng)！

小叶：认(rèn)识(shi)你(nǐ)我(wǒ)也(yě)很(hěn)高(gāo)兴(xìng)！

 情景二 Scene 2

大枫：老(lǎo)师(shī)，您(nín)好(hǎo)！

小叶：老(lǎo)师(shī)，早(zǎo)上(shang)好(hǎo)！

老师：你(nǐ)们(men)好(hǎo)！

第一单元 问候招呼

 **情景三 Scene 3**

大枫：老师，再见！
        lǎo shī　zài jiàn

老师：再见！
        zài jiàn

 **情景四 Scene 4**

小叶：好久不见，你好吗？
    hǎo jiǔ bú jiàn　nǐ hǎo ma

大枫：谢谢，我很好。
    xiè xie　wǒ hěn hǎo

      你呢？
      nǐ ne

小叶：我也很好！
    wǒ yě hěn hǎo

 **情景五 Scene 5**

小叶：爸爸晚安！
    bà ba wǎn ān

爸爸：小叶晚安！
    xiǎo yè wǎn ān

问候 3

词语学习 Word Learning

识写

1	你	nǐ	you
2	好	hǎo	good, well
3	认识	rènshi	know
4	很	hěn	very
5	高兴	gāoxìng	happy
6	也	yě	also, too
7	老师	lǎoshī	teacher
8	您	nín	you (honorific)
9	早上	zǎoshang	morning
10	们	men	a suffix to form a plural number
11	你们	nǐmen	you (plural)
12	再见	zàijiàn	goodbye
13	不	bù	no
14	吗	ma	used at the end of a question
15	谢谢	xièxie	thank
16	呢	ne	used at the end of a question

识读

1	久	jiǔ	for a long time
2	晚安	wǎn'ān	good night

本课语法　Grammar in This Lesson

你/您、我

- 你好！
- 老师，您好！
- 你好，我可以坐在这里吗？

吗、呢

- 好久不见，你好吗？
- 她是你的朋友吗？
- 我很好，你呢？
- 你在做什么呢？

很

- 认识你很高兴。
- 谢谢，我很好。
- 他的个子很高。
- 我们的学校很大。

也

- 我也很好！
- 认识你我也很高兴。
- 我喜欢吃米饭，也喜欢吃面条儿。
- 他没有书，也没有笔。

语法练习　Grammar exercise

用 "吗" "呢" "也" 填空　Fill in the blanks with "吗" "呢" or "也"

1. 明天我们要去学校____？

2. 我会唱歌，____会跳舞。

3. 小叶病了，她的妹妹____病了。

4. 妈妈：小叶，你在做什么____？

　　小叶：我在读书____。

问候 3

 活动与练习　Activities and Exercises

一、笔画练习 Stroke exercise

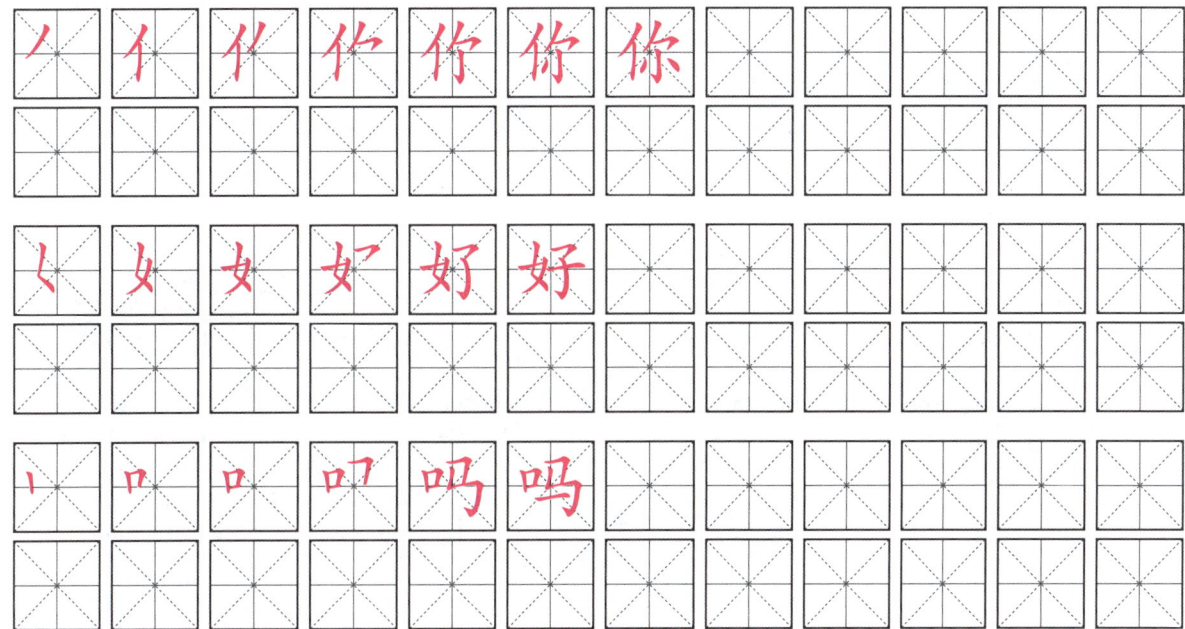

二、写拼音 Write the Pinyin

三、完成下面的对话 Complete the following dialogs

1. A：<ruby>你<rt>nǐ</rt></ruby><ruby>好<rt>hǎo</rt></ruby>！   B：_____

2. A：_____   B：<ruby>我<rt>wǒ</rt></ruby><ruby>也<rt>yě</rt></ruby><ruby>很<rt>hěn</rt></ruby><ruby>高<rt>gāo</rt></ruby><ruby>兴<rt>xìng</rt></ruby>。

3. A：<ruby>再<rt>zài</rt></ruby><ruby>见<rt>jiàn</rt></ruby>！   B：_____

四、读一读 Read aloud

nǐ hǎo	nín hǎo	zǎo shang hǎo	shàng wǔ hǎo
你好	您好	早上好	上午好
lǎo shī	bà ba	zhōng wǔ hǎo	xià wǔ hǎo
老师	爸爸	中午好	下午好
mā ma	zài jiàn	wǎn shang hǎo	wǎn ān
妈妈	再见	晚上好	晚安

五、替换练习 Substitution drills

<ruby>老<rt>lǎo</rt></ruby><ruby>师<rt>shī</rt></ruby>，<ruby>您<rt>nín</rt></ruby><ruby>好<rt>hǎo</rt></ruby>！   <ruby>王老师<rt>wáng lǎo shī</rt></ruby> <ruby>李老师<rt>lǐ lǎo shī</rt></ruby>

<ruby>王老师<rt>wáng lǎo shī</rt></ruby>，<ruby>您好<rt>nín hǎo</rt></ruby>！   <ruby>早上<rt>zǎo shang</rt></ruby> <ruby>上午<rt>shàng wǔ</rt></ruby> <ruby>中午<rt>zhōng wǔ</rt></ruby> <ruby>下午<rt>xià wǔ</rt></ruby> <ruby>晚上<rt>wǎn shang</rt></ruby>

A：<ruby>你好吗<rt>nǐ hǎo ma</rt></ruby>？
B：<ruby>很好<rt>hěn hǎo</rt></ruby>。   <ruby>还好<rt>hái hǎo</rt></ruby> <ruby>不错<rt>bú cuò</rt></ruby>

译一译 Translation

一、将下列英文单词翻译成中文
Translate the following English words into Chinese

you _____   bye _____   good night _____

five _____   thank _____   very _____

nine _____

二、将下面的英文对话翻译成中文，并跟同学进行对话练习
Translate the following English dialog into Chinese, and practice it with your classmate

Nick: Hello! My name is Nick. May I have your name?

Bob: My name is Bob.

Nick: Nice to meet you, Bob.

Bob: Nice to meet you too.

中国古诗
Classical Chinese Poem

yǒng é
咏 鹅

[唐] táng luò bīn wáng
骆 宾 王

é　　　　é　　　　é
鹅　　　鹅　　　鹅，
qū　xiàng　xiàng　tiān　gē
曲　项　向　天　歌。
bái　máo　fú　lù　shuǐ
白　毛　浮　绿　水，
hóng　zhǎng　bō　qīng　bō
红　掌　拨　清　波。

在教师的指导下，背诵这首诗。
Recite this poem under the teacher's instruction.

第二单元
Unit 2

自我介绍
Self-Introduction
(zì wǒ jiè shào)

第四课　自我介绍
Lesson 4　Self-Introduction

 课文　Text

 情景一 Scene 1

小叶：你叫什么名字？
　　　nǐ jiào shén me míng zi

大枫：我姓林，我叫大枫。你呢？
　　　wǒ xìng lín，wǒ jiào dà fēng。nǐ ne

小叶：我叫小叶。她是我的同学，她叫英子。
　　　wǒ jiào xiǎo yè。tā shì wǒ de tóng xué，tā jiào yīng zi

英子：你好，大枫。
　　　nǐ hǎo，dà fēng

大枫：你好，英子。认识你们很高兴。
　　　nǐ hǎo，yīng zi。rèn shi nǐ men hěn gāo xìng

小叶、英子：认识你我们也很高兴。
　　　rèn shi nǐ wǒ men yě hěn gāo xìng

情景二 Scene 2

大枫:你们是哪国人?

小叶:我是英国人,英子是日本人。你呢?

大枫:我是法国人。老师是哪国人?

小叶:老师是中国人,她教我们说中文。

情景三 Scene 3

男生:你会说中国话吗?

女生:我不会说中文,我会说英语。

男生:我们一起好好学中文。

女生:好,有不明白的就一块儿问老师。

第二单元 自我介绍

词语学习 Word Learning

识写

#	汉字	拼音	英文
1	叫	jiào	call
2	什么	shénme	what
3	名字	míngzi	name
4	她	tā	she, her
5	是	shì	be (is, am, are)
6	的	de	used to indicate possession
7	同学	tóngxué	classmate
8	我们	wǒmen	we, us
9	哪	nǎ	which, where
10	国	guó	nation, country
11	人	rén	person
12	中国	Zhōngguó	China
13	教	jiāo	teach
14	说	shuō	say, speak
15	中文	Zhōngwén	Chinese (language)
16	会	huì	can
17	话	huà	language
18	一起	yìqǐ	together
19	学	xué	learn, study
20	明白	míngbai	understand
21	一块儿	yíkuàir	together
22	问	wèn	ask

识读

#	汉字	拼音	英文
1	姓	xìng	surname
2	林	Lín	a surname
3	大枫	Dàfēng	a person's name
4	小叶	Xiǎoyè	a person's name
5	英子	Yīngzi	a person's name
6	英国	Yīngguó	UK
7	日本	Rìběn	Japan
8	法国	Fǎguó	France
9	英语	Yīngyǔ	English (language)

48

自我介绍 4

本课语法　Grammar in This Lesson

什么
- 你叫什么名字？
- 你早上吃什么？
- 妈妈买了什么书？

哪
- 你是哪国人？
- 你喜欢哪本书？
- 哪件衣服好看？

是
- 他是我的同学。
- 这是他的东西。
- 我是中国人。
- 这杯水是热的。

你们、我们
- 我们学中文。
- 你们见面了吗？
- 我们明年考试。

一块儿、一起
- 我们一块儿问老师。
- 她们喜欢一块儿说话。
- 妈妈和我一起去看病。

语法练习　Grammar exercise

用"什么"或"哪"填空　Fill in the blanks with "什么" or "哪"

1. 晚上你想吃_____？
2. 大枫买了_____书？
3. 英子是_____国人？
4. 周末你想去_____里？

活动与练习　Activities and Exercises

一、选择正确的回答　Choose the right answers

1. 认识你很高兴。（　）　　A 我很好，谢谢。
   rèn shi nǐ hěn gāo xìng　　　　　wǒ hěn hǎo xiè xie

2. 你叫什么名字？（　）　　B 会。
   nǐ jiào shén me míng zi　　　　　huì

3. 他是哪国人？（　）　　　C 认识你我也很高兴。
   tā shì nǎ guó rén　　　　　　　rèn shi nǐ wǒ yě hěn gāo xìng

49

　　　　　tā huì shuō zhōng wén ma　　　　　　　　　　　wǒ jiào dà fēng
4. 他会说中文吗？（　　）　　D 我叫大枫。

　　　　　nǐ hǎo ma　　　　　　　　　　　　　　　　　tā shì měi guó rén
5. 你好吗？　　　　（　　）　　E 他是美国人。

二、选词填空 Choose the words and fill in the blanks

　　　　jiào　　　　rèn shi　　　　xué　　　　xiè xie
　　A. 叫　　B. 认识　　C. 学　　D. 谢谢

　　nǐ hǎo　　qǐng wèn nǐ　　　　　　　shén me míng zi
1. 你好，请问你（　　　）什么名字？

　　wǒ men zài zhōng guó　　　　　zhōng wén
2. 我们在中国（　　　）中文。

　　huān yíng lái dào zhōng guó　　　　　　　nǐ　　　　　　dà fēng ma
3. A：欢迎来到中国。　　　　4. A：你（　　　）大枫吗？
　　　　　　　　　　　　　　　　　　　　　shì de　　wǒ rèn shi tā
　　B：（　　　　）。　　　　　　B：是的，我认识他。

三、看图说话 Talk about the pictures

第五课　家庭成员
Lesson 5　Family Members

课文一　Text 1

wǒ jiào xiǎo míng， jīn nián shí suì。 wǒ jiā yǒu wǔ kǒu rén。 tā
我叫小明，今年十岁。我家有五口人。他
shì wǒ gē ge。 gē ge hòu bian shì bà ba hé mā ma， bà ba de
是我哥哥。哥哥后边是爸爸和妈妈，爸爸的
yòu bian shì wǒ， mā ma de zuǒ bian shì jiě jie。 wǒ jiā hái yǒu yì
右边是我，妈妈的左边是姐姐。我家还有一
zhī gǒu hé yì zhī māo， dōu zài gē ge qián bian。 wǒ men quán jiā zhù
只狗和一只猫，都在哥哥前边。我们全家住
zài zhōng guó běi jīng。
在中国北京。

词语学习 Word Learning

识写

1	今年	jīnnián	this year
2	岁	suì	year (of age)
3	有	yǒu	have; there be
4	口	kǒu	a measure word for people
5	哥哥	gēge	elder brother
6	后边	hòubian	behind
7	爸爸	bàba	father
8	和	hé	and
9	妈妈	māma	mother
10	右边	yòubian	right (side)
11	左边	zuǒbian	left (side)
12	姐姐	jiějie	elder sister
13	都	dōu	all
14	前边	qiānbian	front
15	住	zhù	live
16	北京	Běijīng	Beijing

识读

1	只	zhī	a measure word for certain animals
2	狗	gǒu	dog
3	猫	māo	cat
4	全	quán	whole

本课语法　Grammar in This Lesson

左边、右边、前边、后边
- 妈妈的左边是姐姐。
- 车票在电视机右边。
- 洗手间就在前边。
- 树的后边有个学生。

都
- 我们都会说中国话。
- 学生们都回家了。
- 今天我们都累了。

口
- 我家有五口人。
- 我朋友家有三口人。
- 你家有几口人？

活动与练习　Activities and Exercises

一、看图写词语 Look at the pictures and write the words

1. (　　)　　2. (　　)　　3. (　　)　　4. (　　)

二、小组活动 Group work

准备一张家人的照片，给大家介绍照片上的人。包括：
Show your classmates a picture of your family members or your friends and tell your classmates about them, including their nationalities, names and their relationships with you.

- 他/她是哪国人？
- 他/她叫什么名字？
- 他/她和你是什么关系？

课文二　Text 2

大枫：你家有几口人？

小叶：我家里有五口人。爸爸和妈妈，还有我们三个孩子。

大枫：有这么多家人真好！这是你妹妹吗？

小叶：对，她是我妹妹。

大枫：这个是弟弟？

小叶：是的。

词语学习　Word Learning

识写

1	几　jǐ	how many
2	家里　jiā li	(in) the family
3	还　hái	also
4	孩子　háizi	child
5	家人　jiārén	family member
6	真　zhēn	really
7	这　zhè	this
8	妹妹　mèimei	younger sister
9	这个　zhège	this one
10	弟弟　dìdi	younger brother

 本课语法　Grammar in This Lesson

还

- 爸爸和妈妈，还有三个孩子。
- 桌子上有书，还有笔。
- 我想吃面包，还想喝牛奶。
- 爸爸去了中国，还去了美国。

有

- 你家有几口人？
- 一个星期有几天？
- 你有时间吗？
- 我家有四口人。

真

- 有这么多家人真好。
- 妈妈洗的衣服真干净。
- 那些人真坏。
- 弟弟跑得真快。

 语法练习　Grammar exercise

用"还"或"都"填空 Fill in the blanks with "还" or "都"

1. 书包里有书，_____有笔。

2. 我们家里每个人_____喜欢狗。

3. 我们_____不会说中文。

活动与练习　Activities and Exercises

一、句子搭配 Match the sentences

1. 你今年多大了？　　　（　）　　A 爸爸是法国人。
2. 大枫的妈妈是新加坡人，（　）　B 他上二年级。
3. 弟弟是小学生，（　）　　　　　C 已经两年了。
4. 我们全家来北京（　）　　　　　D 十二岁了。
5. 我喜欢我姐姐，（　）　　　　　E 我姐姐也喜欢我。

二、选词填空 Choose the words and fill in the blanks

A. 只　B. 口　C. 这　D. 那　E. 住

1. 我家养了两（　）猫。
2. （　）是我在中国的好朋友小丽。
3. 我家有五（　）人。
4. A：你周末还会（　）在学校吗？
   B：不会，我会去奶奶家。
5. A：（　）只猫是你家的吗？
   B：是啊。

课文三　Text 3

我叫多多，今年10岁。我家有四口人，爸爸、妈妈、弟弟和我。我是小学生，在枫叶小学上学。我妈妈是中国人，爸爸是美国人。我有很多朋友，星期天我常常跟朋友们去图书馆。

词语学习　Word Learning

识写

1. 小学生　xiǎoxuéshēng　primary school student
2. 小学　xiǎoxué　primary school
3. 上学　shàng//xué　go to school
4. 多　duō　many
5. 朋友　péngyou　friend
6. 星期天　xīngqītiān　Sunday
7. 常常　chángcháng　often
8. 跟　gēn　with
9. 图书馆　túshūguǎn　library

识读

美国　Měiguó　the United States of America

本课语法 Grammar in This Lesson

常常

- 我常常去图书馆。
- 她常常上网。
- 妹妹常常请假去医院看病。
- 周末我常常去公园。

活动与练习 Activities and Exercises

一、读一读 Read aloud

1. 小明家有四口人。
2. 小明家有两个孩子。
3. 小明有一个妹妹。
4. 小雨有两个哥哥。
5. 小雨没有弟弟。
6. 小雨没有姐姐。

二、找出句子中的错误 Find the mistakes in the sentences

1. 我家都有四口人。
2. 我家都有电视、电脑。
3. 我没有2本汉语书。
4. 我有钱很多。
5. 我没有书和没有笔。

三、根据图片编对话 Make dialogs according to the pictures

Example:

A：tā shì shéi
他是谁？

B：tā jiào wáng tiān tiān   tā jīn nián shí yī suì
他叫王天天。他今年十一岁。

dà zhōng
大中
（jiǔ suì
九岁）

duō duō
多多
（shí suì
十岁）

xiǎo hóng
小红
（qī suì
七岁）

xiǎo míng
小明
（shí èr suì
十二岁）

xiǎo yuè
小月
（bā suì
八岁）

四、对话练习 Dialog practice

1. nǐ jiào shén me míng zi
   你叫什么名字？

2. nǐ jīn nián duō dà le
   你今年多大了？

3. nǐ shàng jǐ nián jí
   你上几年级？

4. nǐ jiā yǒu jǐ kǒu rén   tā men shì shéi
   你家有几口人？他们是谁？

5. nǐ shì nǎ guó rén
   你是哪国人？

五、根据提示，介绍三个人 Introduce three people according to the prompts

wǒ lái jiè shào yí xià，zhè shì
我来介绍一下，这是＿＿＿＿＿＿。

wáng lǎo shī   lǐ xiān sheng   lín xiǎo jiě   dà fēng   xiǎo yè
（王老师、李先生、林小姐、大枫、小叶）

tā tā shì wǒ de
他/她是我的＿＿＿＿＿＿。（jiā rén / lǎo shī / tóng xué / péng you
家人/老师/同学/朋友）

第六课　个人爱好
Lesson 6　Personal Hobbies

 课文一　Text 1

我叫小云，我有很多爱好。我喜欢看书、画画儿、唱歌和看电影。我还喜欢写毛笔字，用毛笔写汉字很好看！

（wǒ jiào xiǎo yún, wǒ yǒu hěn duō ài hào. wǒ xǐ huan kàn shū, huà huàr, chàng gē hé kàn diàn yǐng. wǒ hái xǐ huan xiě máo bǐ zì, yòng máo bǐ xiě hàn zì hěn hǎo kàn!）

 词语学习　Word Learning

识写

1	爱好	àihào	hobby
2	喜欢	xǐhuan	like
3	看	kàn	read, watch
4	书	shū	book
5	唱歌	chàng//gē	sing (a song)
6	歌	gē	song
7	电影	diànyǐng	movie
8	写	xiě	write
9	汉字	Hànzì	Chinese character
10	好看	hǎokàn	attractive

 **识读**

1	画	huà	draw, paint
2	毛笔	máobǐ	writing brush

个人爱好 **6**

 活动与练习　Activities and Exercises

一、请在下面的方框中画出你的爱好，让同学猜一猜
Draw your hobbies in the box below and let your classmates guess

二、选词填空　Choose the words and fill in the blanks

| shén me | duō | xǐ huan | ài hào | péng you |
| A. 什么 | B. 多 | C. 喜欢 | D. 爱好 | E. 朋友 |

    zhè ge zhōu mò　nǐ zuò　　　　　le
1. 这个周末，你做（　　　）了？

    gē ge bù　　　　　kàn diàn yǐng
2. 哥哥不（　　　）看电影。

    wǒ de　　　　　shì xiě máo bǐ zì
3. 我的（　　　）是写毛笔字。

    nǐ de ài hào　　　ma
4. A：你的爱好（　　　）吗？

    hěn duō　wǒ xǐ huan xué zhōng wén　kàn shū　xiě hàn zì
   B：很多。我喜欢学中文、看书、写汉字。

    nǐ hé nǐ de　　　　dōu xǐ huan chàng gē ma
5. A：你和你的（　　　）都喜欢唱歌吗？

    shì de　wǒ men měi tiān dōu huì yì qǐ chàng gē
   B：是的，我们每天都会一起唱歌。

61

第二单元 自我介绍

三、句子搭配 Match the sentences

1. 昨天，你和谁看电影了？（　） A 我喜欢看中文书。

2. 这是谁的笔？（　） B 我每天都上中文课。

3. 谁唱歌最好听？（　） C 是小叶的。

4. 你喜欢看什么书？（　） D 和我的姐姐。

5. 你每天做什么？（　） E 当然是大枫了。

课文二　Text 2

大枫：你有没有什么爱好？

小叶：我喜欢玩儿电脑。你呢？

大枫：我喜欢看电影、看电视、听好听的歌。

小叶：你还有别的爱好吗？

大枫：我还喜欢看飞机。

小叶：看飞机？好玩儿吗？

大枫：好玩儿，下次我们一起看。

62

个人爱好 **6**

词语学习　Word Learning

识写

1. 没有　méiyǒu　not have, no, not
2. 电脑　diànnǎo　computer
3. 电视　diànshì　television
4. 听　tīng　listen
5. 好听　hǎotīng　pleasant to hear
6. 还有　hái yǒu　also have
7. 别的　biéde　other
8. 飞机　fēijī　aircraft
9. 好玩儿　hǎowánr　interesting
10. 下次　xià cì　next time

本课语法　Grammar in This Lesson

正反问句

- 她去没去学校？
- 你吃不吃米饭？
- 你是不是中国人？

别的

- 他还要**别的**东西吗？
- 你还想去**别的**地方吗？
- 介绍**别的**国家吧！

语法练习　Grammar exercise

根据回答补全问句　Complete the sentences according to the answers

1. A：这件衣服____不____？　　B：不贵，你可以买一件。
2. A：你回家了_____？　　　B：我还没有呢。
3. A：这本书____不____看？　　B：不错，很好看。

63

第二单元　自我介绍

活动与练习　Activities and Exercises

一、用中文询问你同学的爱好 Ask your classmate's hobbies in Chinese

nǐ xǐ huan ma
你喜欢_____吗？

nǐ wèi shén me xǐ huan
你为什么喜欢_____？

二、仿照下列句子，和同学对话
　　Make a dialog with your classmate following the sentences

Example:

A：nǐ jiào shén me míng zi
　　你叫什么名字？

B：wǒ jiào xiǎo yún
　　我叫小云。

A：nǐ měi tiān zuò shén me
　　你每天做什么？

B：wǒ měi tiān dú shū　kàn bào
　　我每天读书、看报
　　zhǐ　wánr diàn nǎo
　　纸、玩儿电脑。

三、替换练习 Substitution drills

A：nǐ xià kè le ma
　　你下课了吗？

B：wǒ hái méi yǒu xià kè ne
　　我还没有下课呢。

chī fàn　　kàn nà běn shū
吃饭　　看那本书

xiě zuò yè　　shàng kè
写作业　　上课

A：nǐ xǐ huan kàn shū ma
　　你喜欢看书吗？

B：wǒ xǐ huan bù xǐ huan
　　我喜欢/不喜欢。

kàn diàn yǐng　qù běi jīng　qù xué xiào
看电影　去北京　去学校

wánr diàn nǎo　dǎ lán qiú
玩儿电脑　打篮球

译一译 Translation

一、连线 Draw lines to match the words

1. classmate   A. 电脑

2. computer   B. 多

3. name   C. 同学

4. read a book   D. 喜欢

5. movie   E. 名字

6. like   F. 电影

7. many   G. 读书

二、将下面的英文对话翻译成中文，并跟同学进行对话练习 Translate the English dialog into Chinese, and then practice it with your classmates

Nick：Hello, Bob!

Bob：Hi, Nick.

Nick：How do you do?

Bob：I'm fine. And you?

Nick：I'm fine, too. Thank you.

Bob：Have you had lunch?

Nick：Sure.

中国古诗
Classical Chinese Poem

登鹳雀楼

[唐] 王之涣

白日依山尽，
黄河入海流。
欲穷千里目，
更上一层楼。

在教师的指导下，背诵这首诗。
Recite this poem under the teacher's instruction.

第三单元
Unit 3

rì cháng qǐ jū
日常起居

Daily Routine

第七课 月份
Lesson 7   Months

yī yuè
一月

èr yuè
二月

sān yuè
三月

sì yuè
四月

wǔ yuè
五月

liù yuè
六月

qī yuè
七月

bā yuè
八月

jiǔ yuè
九月

shí yuè
十月

shí yī yuè
十一月

shí èr yuè
十二月

（一）

jīn tiān shì sān yuè jiǔ rì/hào jīn tiān xīng qī wǔ
今天是三月九日/号。今天星期五。

（二）

大枫：zuó tiān xīng qī jǐ
昨天星期几？

小叶：zuó tiān xīng qī sì
昨天星期四。

（三）

jīn tiān shí yuè sān shí rì, shì wǒ de shēng rì。zuó tiān wǒ shōu dào
今天十月三十日，是我的生日。昨天我收到
lǎo shī yòng zhōng wén gěi wǒ xiě de shēng rì kǎ piàn, jīn tiān wǒ hé péng
老师用中文给我写的生日卡片，今天我和朋
you men yào yì qǐ chī wǎn fàn。wǎn shang hái yào yì qǐ chī hǎo chī de
友们要一起吃晚饭，晚上还要一起吃好吃的
dàn gāo，wǒ hěn kāi xīn
蛋糕，我很开心。

词语学习　Word Learning

识写

1. 今天　jīntiān　today
2. 月　yuè　month
3. 日/号　rì/hào　date
4. 星期　xīngqī　week
5. 昨天　zuótiān　yesterday
6. 生日　shēngrì　bithday
7. 给　gěi　give
8. 晚饭　wǎnfàn　dinner, supper
9. 好吃　hǎochī　delicious

识读

1. 收到　shōudào　receive
2. 卡片　kǎpiàn　card
3. 蛋糕　dàngāo　cake
4. 开心　kāixīn　happy

本课语法　Grammar in This Lesson

日期表示法
- 2024年3月5日
- 十月七日/号
- 星期天/日

主语、谓语和宾语
- 我去公园。
- 我和朋友吃蛋糕。
- 你学中文吗?

要
- 我要去书店。
- 明天我要去图书馆。

7 月份

活动与练习 Activities and Exercises

一、替换练习 Substitution drills

1. jīn tiān jǐ hào
   今天几号？

   qián tiān　zuó tiān　míng tiān　hòu tiān
   前天　昨天　明天　后天

2. zuó tiān yī yuè jiǔ rì
   昨天一月九日。

   èr yuè　sān yuè　sì yuè　wǔ yuè
   二月　三月　四月　五月

   liù yuè　qī yuè　bā yuè　jiǔ yuè
   六月　七月　八月　九月

   shí yuè　shí yī yuè　shí èr yuè
   十月　十一月　十二月

3. míng tiān shí èr yuè sān rì,
   明天十二月三日，
   xīng qī tiān
   星期天。

   xīng qī yī　xīng qī èr　xīng qī sān
   星期一　星期二　星期三

   xīng qī sì　xīng qī wǔ　xīng qī liù
   星期四　星期五　星期六

二、练一练，完成对话 Practice and complete the dialog

1. A：jīn tiān 今天_____？　B：jīn tiān 今天_____ hào 号。

2. A：míng tiān 明天_____？　B：míng tiān xīng qī 明天星期_____。

3. A：míng tiān 明天_____？　B：bú duì, míng tiān shì 不对，明天是_____。

三、小组活动 Group work

你的生日是几月几日？请你在下面画一个日历，用另一种颜色的笔圈出你生日的那一天，并和同学进行交流。When is your birthday? Please draw a calendar below, circle your birthday with a pen of a different color, and communicate with your classmates.

第八课　日常起居
Lesson 8　Daily Routine

| zǎo shang | shàng wǔ | zhōng wǔ | xià wǔ | wǎn shang |
| 早上 | 上午 | 中午 | 下午 | 晚上 |

时间 Time

wǔ diǎn
五点
wǔ diǎn zhěng
（五点整）

wǔ diǎn líng wǔ fēn
五点零五分

wǔ diǎn shí wǔ fēn
五点十五分
wǔ diǎn yī kè
（五点一刻）

第三单元 日常起居

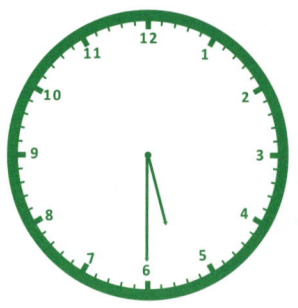  

wǔ diǎn sān shí fēn
五 点 三 十 分
wǔ diǎn bàn
（五 点 半）

wǔ diǎn sì shí wǔ fēn
五 点 四 十 五 分
wǔ diǎn sān kè
（五 点 三 刻）

wǔ diǎn wǔ shí fēn
五 点 五 十 分

 课文一　Text 1

（一）

　　　　xiàn zài jǐ diǎn
大枫：现 在 几 点？

　　　　xiàn zài qī diǎn wǔ shí jiǔ fēn
小叶：现 在 七 点 五 十 九 分，
　　　　chà yì fēn bā diǎn
　　　　差 一 分 八 点。

（二）

　　　　xiàn zài jǐ diǎn le
爸爸：现 在 几 点 了？

　　　　gāng guò sì diǎn ba
妈妈：刚 过 四 点 吧。

　　　　dà fēng zài zuò shén me ne
爸爸：大 枫 在 做 什 么 呢？

　　　　tā zài shuì jiào ne
妈妈：他 在 睡 觉 呢。

74

日常起居 Daily Routine

zǎo shang bā diǎn wǒ men qù xué xiào
早上八点我们去学校。

shàng wǔ shí diǎn wǒ men shàng kè
上午十点我们上课。

zhōng wǔ shí èr diǎn
中午十二点
wǒ chī wǔ fàn
我吃午饭。

xià wǔ sì diǎn tóng xué men zài cāo chǎng
下午四点同学们在操场
tī zú qiú
踢足球。

xià wǔ wǔ diǎn wǒ fàng xué huí jiā
下午五点我放学回家。

wǎn shang bā diǎn wǒ hé bà
晚上八点我和爸
ba mā ma kàn diàn shì
爸妈妈看电视。

第三单元 日常起居

wǎn shang shí diǎn hòu wǒ shuì jiào
晚 上 十 点 后 我 睡 觉。

 词语学习　Word Learning

识写

1	现在	xiànzài		now
2	点	diǎn		o'clock
3	分	fēn		minute
4	差	chà		fall short of, to
5	过	guò		pass
6	吧	ba		a modal particle
7	上午	shàngwǔ		morning
8	上课	shàng//kè		attend class
9	中午	zhōngwǔ		noon
10	下午	xiàwǔ		afternoon
11	回	huí		return, go back
12	晚上	wǎnshang		evening
13	后	hòu		after
14	睡觉	shuì//jiào		sleep

识读

1	刚	gāng		just now
2	操场	cāochǎng		playground
3	踢	tī		kick, play
4	足球	zúqiú		football

76

 本课语法　Grammar in This Lesson

在/正在　　在/正在……呢　　……呢

- 老人在睡觉，你别说话。
- 学校正在上课。
- 老师进来的时候，我正读书呢。

- A: 你在干什么？
- B: 我读课文呢。

 活动与练习　Activities and Exercises

一、说一说，写一写 Talk and write

Example: `01:30`　yī diǎn sān shí fēn
一 点 三 十 分

`04:45` _____　`07:15` _____

`13:53` _____　`16:17` _____

`12:21` _____

二、你每天都要做什么？请你把时间画下来，并写上你要做的事情 What do you do every day? Please draw the time and write the things you want to do

　 Example:　xià wǔ wǔ diǎn wǒ huí jiā
下 午 五 点 我 回 家。

课文二 Text 2

xiǎo yè wǒ men qù chē zhàn ba
大枫：小叶，我们去车站吧。

xiàn zài jǐ diǎn le xiào chē sì diǎn bàn dào
小叶：现在几点了？校车四点半到，

xiàn zài qù yǒu xiē zǎo
现在去有些早。

sì diǎn èr shí wǔ fēn le wǒ jué de zuì hǎo xiàn zài qù
大枫：四点二十五分了，我觉得最好现在去。

ná shū bāo wǒ men zhǔn bèi zǒu
小叶：拿书包，我们准备走。

词语学习 Word Learning

识写

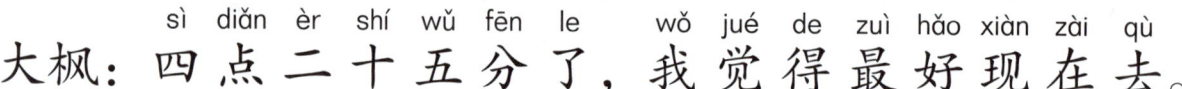

1. 车站 chēzhàn station, stop
2. 有些 yǒuxiē a little bit
3. 觉得 juéde think
4. 最好 zuìhǎo had better
5. 拿 ná take
6. 书包 shūbāo schoolbag
7. 准备 zhǔnbèi get ready

8 日常起居

本课语法 Grammar in This Lesson

时间
- 现在是三点四十分。
- 我早上六点半起床。
- 爸爸七点一刻去上班。
- 现在差五分十点。

了
- 下雨了。
- 四点半了。
- 弟弟去学校了。
- 妈妈回家了。

活动与练习 Activities and Exercises

一、说一说，写一写 Talk and write

1

wǒ zǎo shang　　　　qǐ chuáng
我 早 上 _____ 起 床 。

2

wǒ zǎo shang　　　　chī zǎo fàn
我 早 上 _____ 吃 早 饭 。

3

wǒ　　　　qù xué xiào
我 _____ 去 学 校 。

第三单元 日常起居

4

wǒ　　　　shàng kè
我 _____ 上课。

5

wǒ xià wǔ　　　　fàng xué huí jiā
我下午 _____ 放学回家。

6

wǒ wǎn shang　　　chī wǎn fàn
我晚上 _____ 吃晚饭。

7

wǒ wǎn shang　　　shuì jiào
我晚上 _____ 睡觉。

二、看图说句子 Talk about the pictures and say the sentences

 Example:　wǒ zài chàng gē ne　　wǒ zhèng zài chàng gē ne
我在唱歌呢！/ 我正在唱歌呢！

三、对话练习 Dialog practice

1. nǐ zǎo shang jǐ diǎn qǐ chuáng
   你早上几点起床？

2. nǐ jǐ diǎn chī zǎo fàn
   你几点吃早饭？

3. nǐ jǐ diǎn qù shàng xué
   你几点去上学？

4. nǐ zhōng wǔ jǐ diǎn chī wǔ fàn
   你中午几点吃午饭？

5. nǐ men xià wǔ jǐ diǎn fàng xué
   你们下午几点放学？

6. nǐ men jiā jǐ diǎn chī wǎn fàn
   你们家几点吃晚饭？

7. nǐ jǐ diǎn shuì jiào
   你几点睡觉？

四、写一写，说一说 Write and talk

 Time

liù diǎn　　qī diǎn bàn　　bā diǎn bàn
六点　　七点半　　八点半

shí èr diǎn shí wǔ fēn
十二点十五分

liǎng diǎn　　sān diǎn　　sì diǎn bàn
两点　　三点　　四点半

liù diǎn shí wǔ fēn　　qī diǎn
六点十五分　　七点

bā diǎn bàn　　jiǔ diǎn bàn
八点半　　九点半

shí diǎn shí fēn
十点十分

 Things to do

huí jiā　　chī zǎo fàn　　shuì jiào
回家　　吃早饭　　睡觉

shàng kè　　chī wǔ fàn
上课　　吃午饭

fàng xué　　qù xué xiào　　chàng gē
放学　　去学校　　唱歌

qǐ chuáng　　chī wǎn fàn
起床　　吃晚饭

kàn shū　　kàn diàn shì　　xiě zì
看书　　看电视　　写字

huà huàr　　tī zú qiú
画画儿　　踢足球

 Example:

wǒ xià wǔ sì diǎn bàn fàng xué
我下午四点半放学。

第九课　购物
Lesson 9　　Shopping

 人民币

yì jiǎo
一 角

wǔ jiǎo
五 角

yì yuán
一 元

yì jiǎo
一 角

wǔ jiǎo
五 角

yì yuán
一 元

wǔ yuán
五 元

shí yuán
十 元

èr shí yuán
二 十 元

wǔ shí yuán
五 十 元

yì bǎi yuán
一 百 元

课文一　Text 1

小叶妈妈：请问这个多少钱？
店员：十五块。
小叶妈妈：这个呢？
店员：十八块五毛。
小叶妈妈：一共多少钱？
店员：一共三十三块五毛。

词语学习　Word Learning

识写

1. 请问　qǐngwèn　excuse me
2. 多少　duōshao　how much
3. 钱　qián　money
4. 块/元　kuài/yuán　used as a unit of money
5. 毛　máo　used as a unit of money in spoken Chinese, which is equivalent to 0.1 yuan

识读

1. 一共　yígòng　altogether
2. 角　jiǎo　used as a unit of money in written Chinese, which is equivalent to 0.1 yuan

本课语法　Grammar in This Lesson

多少

- 这次考试要考**多少**门课？
- 我一共要坐**多少**站？
- 你们班有**多少**男生？**多少**女生？

活动与练习　Activities and Exercises

一、钱数表达 The expression of money

二、完成句子 Complete the sentences

①
　　　　　　　zhè běn shū
大枫：这本书_____？
　　　èr shí
店员：二十_____。

②
　　　　　　　xué xiào de wǔ fàn
小叶：学校的午饭_____？
　　　shí èr　　　wǔ
同学：十二____五____。

84

 课文二　Text 2

客　人：你好，来一杯热茶
　　　　和一个干净的
　　　　杯子，谢谢。

服务员：好的，马上就来。
　　　　对不起，久等了。给您热茶和杯子！

客　人：没事儿，多少钱？

服务员：十元。

 词语学习　Word Learning

识写

1. 来　lái　bring
2. 杯　bēi　cup, glass (*a measure word usually used of liquids*)
3. 热　rè　hot
4. 茶　chá　tea
5. 干净　gānjìng　clean
6. 杯子　bēizi　cup

第三单元　日常起居

7 马上　mǎshàng　right now

8 对不起　duìbuqǐ　sorry

9 等　děng　wait

10 没事儿　méi//shìr　it doesn't matter

识读

客人　kèrén　guest

活动与练习　Activities and Exercises

一、替换练习 Substitution drills

1
A: ＿＿ duō shao qián yī ＿＿?
　　 多　少　钱　一
B: ＿＿＿＿＿＿＿＿＿＿

- shū 书　￥15.2　běn 本
- bǐ 笔　￥3.00　zhī 支

2
A: ＿＿ duō shao qián yī ＿＿?
　　 多　少　钱　一
B: ＿＿＿＿＿＿＿＿＿＿

- shuǐ 水　￥5.50　píng 瓶
- júzi 橘子　￥9.90　jīn 斤

86

二、句子搭配 Match the sentences

1. zài xué xiào chī fàn yào duō shao qián
   在学校吃饭要多少钱？ (　　)

2. mā ma　wǒ men zěn me qù dòng wù yuán
   妈妈，我们怎么去动物园？ (　　)

3. zuò chū zū chē qù dòng wù yuán duō shao qián
   坐出租车去动物园多少钱？ (　　)

4. nǐ jǐ diǎn shàng zhōng wén kè
   你几点上中文课？ (　　)

5. wǒ yǒu shí kuài qián
   我有十块钱。 (　　)

A. zǎo shang jiǔ diǎn shí fēn
   早上九点十分。

B. sì shí yuán
   四十元。

C. shí kuài qián kě yǐ mǎi yì bēi rè chá
   十块钱可以买一杯热茶。

D. zuò gōng gòng qì chē qù
   坐公共汽车去。

E. zǎo fàn shí yuán　wǔ fàn èr shí wǔ yuán
   早饭十元，午饭二十五元。

课文三　Text 3

大枫爸爸：去动物园怎么走？

小叶妈妈：你可以坐公共汽车或打出租车。

大枫爸爸：要多少钱呢？

小叶妈妈：坐公共汽车两块钱，打车二十块钱。

大枫爸爸：谢谢你！

小叶妈妈：不客气！

词语学习　Word Learning

识写

1. 怎么　zěnme　how
2. 坐　zuò　take, sit
3. 汽车　qìchē　automobile
4. 打　dǎ　take (a taxi)
5. 打车　dǎ//chē　take a taxi
6. 不客气　bú kèqi　You're welcome.

购物 9

识读

1. 动物园　dòngwùyuán　zoo
2. 或　huò　or

本课语法　Grammar in This Lesson

钱数表示法
- 五元（五块）
- 七十三元五角（七十三块五毛）
- 一百一十元八角（一百一十块八毛）

怎么
- 去动物园**怎么**走？
- 从这儿**怎么**去南门？
- 别人**怎么**听到的？

活动与练习　Activities and Exercises

一、小组活动　Group work

¥4.50　　¥5.80　　¥2.50　　¥3.90　　¥6.00　　¥20.00

任务一　用中文说说这些物品的名称和价格。
Talk about the names and prices of the goods in Chinese.

任务二　这里有水果和饮料，用你手上的10元钱，买一种水果和一瓶饮料。
There are some fruits and drinks. Use 10 yuan to buy a fruit and a bottle of drink.

二、选词填空 Choose the words and fill in the blanks

A. 块(kuài) B. 毛(máo) C. 来(lái) D. 分(fēn) E. 这个(zhè ge)

1. 请(qǐng)（　　）一杯热茶(yì bēi rè chá)。

2. 现在是下午四点二十(xiàn zài shì xià wǔ sì diǎn èr shí)（　　）。

3. 我的书包一百三十(wǒ de shū bāo yì bǎi sān shí)（　　）。

4. A：笔多少钱(bǐ duō shao qián)？　B：三块五(sān kuài wǔ)（　　）。

5. A：你喜欢(nǐ xǐ huan)（　　）吗(ma)？　B：不喜欢，我喜欢那个(bù xǐ huan, wǒ xǐ huan nà ge)。

译一译　Translation

一、用中文回答问题，并写出答案
Answer the questions in Chinese and write the answers

1. Which month has 28/29 days?　　　　　　　　　二月

2. What's the date today?　　　　　　　　　_____

3. When is your birthday?　　　　　　　　　_____

4. What time is it now?　　　　　　　　　_____

5. What time do you get up in the morning?　　　_____

6. What time do you go to school?　　　　　　　_____

7. What day follows Thursday?　　　　　　　　　_____

8. If today is Monday, what day will it be tomorrow?　_____

二、将下列英文单词翻译成中文
Translate the following English words into Chinese

1. week _____   2. taxi _____

3. today _____   4. bus _____

5. birthday _____   6. money _____

7. time _____   8. sorry _____

9. school _____   10. sleep _____

三、将下面的英文对话翻译成中文，并跟同学进行对话练习
Translate the following English dialog into Chinese, and practice it with your classmates in Chinese.

(Nick's mother takes him to watch a movie)

Mother: What time is it?

Nick: It's already 7:30 pm. Hurry up, Mom.

Mother: The movie won't start until 8:30 pm.

Nick: How can we get there?

Mother: We can take a bus. We can get there in 30 minutes.

Nick: That's great. Let's go now.

中国古诗
Classical Chinese Poem

chūn xiǎo
春 晓

[唐] 孟浩然

春眠不觉晓，
处处闻啼鸟。
夜来风雨声，
花落知多少。

在教师的指导下，背诵这首诗。
Recite this poem under the teacher's instruction.

第四单元
Unit 4

chuān yī dǎ ban
穿衣打扮
Getting Dressed

第十课 颜色
Lesson 10 Colors

课文一 Text 1

wǒ bà ba zuì xǐ huan hēi sè hé bái sè de yī fu
我爸爸最喜欢黑色和白色的衣服。

wǒ mā ma zuì xǐ huan huáng sè de yī fu
我妈妈最喜欢黄色的衣服。

wǒ gē ge zuì xǐ huan lán sè de yī fu
我哥哥最喜欢蓝色的衣服。

wǒ jiě jie zuì xǐ huan hóng sè de yī fu
我姐姐最喜欢红色的衣服。

wǒ zuì xǐ huan fěn hóng sè de yī fu
我最喜欢粉红色的衣服。

词语学习 Word Learning

识写

衣服 yīfu clothes

识读

1	黑色	hēisè	black	4	蓝色	lánsè	blue
2	白色	báisè	white	5	红色	hóngsè	red
3	黄色	huángsè	yellow	6	粉红色	fěnhóngsè	pink

94

颜色 **10**

 活动与练习　Activities and Exercises

一、说说下面物体的颜色 Talk about the colors of the following objects

fēi jī
飞机

xiào chē
校车

xiǎo qì chē
小汽车

chū zū chē
出租车

huǒ chē
火车

jǐng chē
警车

dì tiě
地铁

gōng gòng qì chē
公共汽车

qiǎo kè lì
巧克力

pú tao
葡萄

yún
云

shù lín
树林

máng guǒ
芒果

tù zi
兔子

lǐng jié
领结

hǎi làng
海浪

jú zi
橘子

miè huǒ qì
灭火器

95

二、学学这些颜色 Learn the following colors

朋友：<ruby>这<rt>zhè</rt></ruby> <ruby>是<rt>shì</rt></ruby> <ruby>谁<rt>shéi</rt></ruby> <ruby>的<rt>de</rt></ruby> <ruby>房间<rt>fáng jiān</rt></ruby>？

妈妈：<ruby>这<rt>zhè</rt></ruby> <ruby>是<rt>shì</rt></ruby> <ruby>我<rt>wǒ</rt></ruby> <ruby>女儿<rt>nǚ ér</rt></ruby> <ruby>的<rt>de</rt></ruby>。

朋友：<ruby>你<rt>nǐ</rt></ruby> <ruby>女儿<rt>nǚ ér</rt></ruby> <ruby>的<rt>de</rt></ruby> <ruby>房间<rt>fáng jiān</rt></ruby> <ruby>真<rt>zhēn</rt></ruby> <ruby>漂亮<rt>piào liang</rt></ruby>！<ruby>桌子<rt>zhuō zi</rt></ruby> <ruby>和<rt>hé</rt></ruby> <ruby>椅子<rt>yǐ zi</rt></ruby> <ruby>都<rt>dōu</rt></ruby> <ruby>是<rt>shì</rt></ruby> <ruby>粉红色<rt>fěn hóng sè</rt></ruby> <ruby>的<rt>de</rt></ruby>，<ruby>睡<rt>shuì</rt></ruby> <ruby>在<rt>zài</rt></ruby> <ruby>这里<rt>zhè lǐ</rt></ruby> <ruby>多<rt>duō</rt></ruby> <ruby>舒服<rt>shū fu</rt></ruby> <ruby>啊<rt>a</rt></ruby>。

妈妈：<ruby>对<rt>duì</rt></ruby> <ruby>啊<rt>a</rt></ruby>，<ruby>我<rt>wǒ</rt></ruby> <ruby>女儿<rt>nǚ ér</rt></ruby> <ruby>真的<rt>zhēn de</rt></ruby> <ruby>很<rt>hěn</rt></ruby> <ruby>喜欢<rt>xǐ huan</rt></ruby> <ruby>粉红色<rt>fěn hóng sè</rt></ruby>。

词语学习 Word Learning

识写

1. 房间 fángjiān room
2. 女儿 nǚ'ér daughter
3. 桌子 zhuōzi table
4. 睡 shuì sleep
5. 对 duì right, correct
6. 真的 zhēn de really

识读

1. 漂亮 piàoliang pretty, beautiful
2. 椅子 yǐzi chair
3. 舒服 shūfu comfortable

本课语法 Grammar in This Lesson

的

- 这是我的房间。
- 爸爸的话不对。
- 这个杯子是昨天买的。
- 这块面包是我的。

语法练习 Grammar exercise

用"很""最""真"填空 Fill in the blanks with "很","最", or "真"

1. 这儿有三本书，你_____想看哪一本？

2. 今天的天气_____热啊！

3. 认识你我_____高兴。

活动与练习 Activities and Exercises

一、用中文说说颜色 Talk about the colors in Chinese

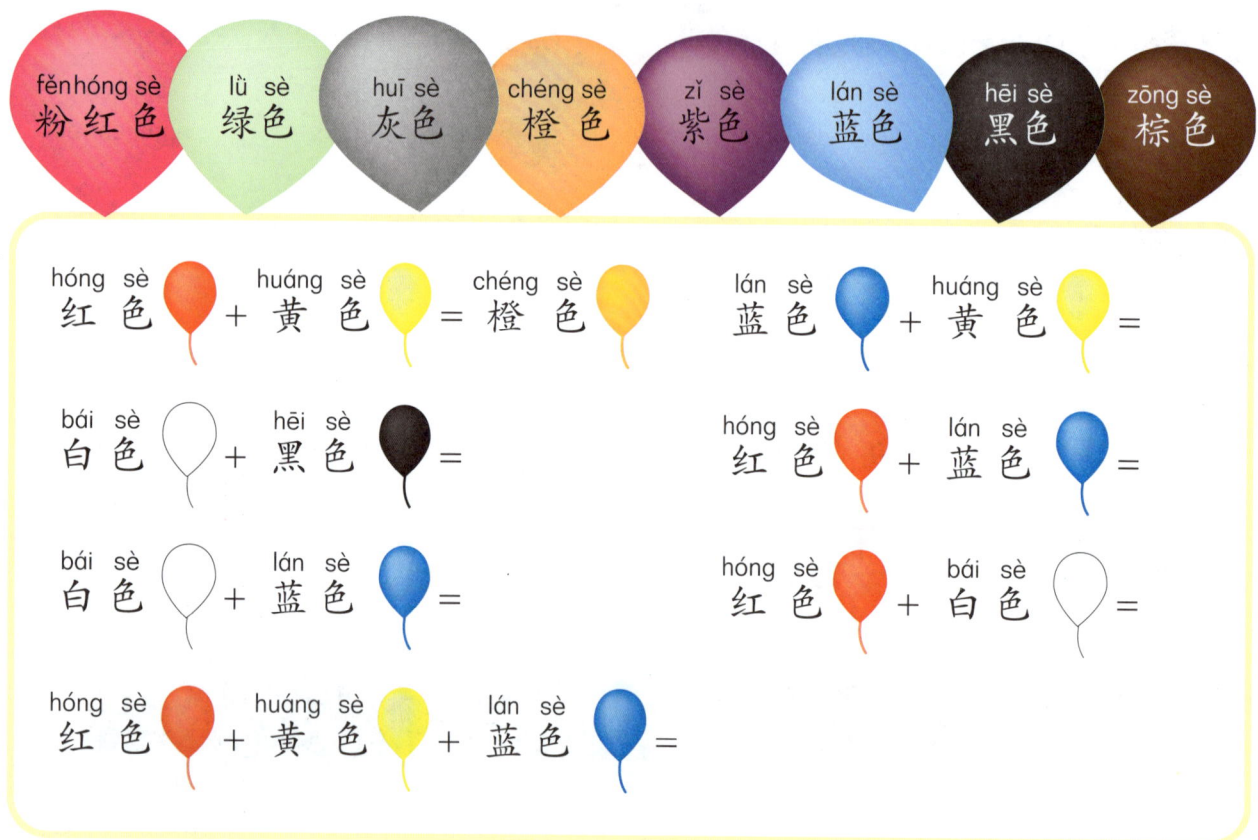

二、画一画，说一说 Draw and talk

你的书包里面都有什么？请把它们画出来，涂上喜欢的颜色，并和同学用中文交流。

What's in your schoolbag? Please draw them, paint them with your favorite colors, and communicate with your classmates in Chinese.

第十一课　穿着
Lesson 11　Apparel

课文一　Text 1

这是我爸爸，上班时他常常穿西装，放假时他喜欢穿衬衫和牛仔裤。
这是我妈妈，她在医院工作。下班后她在家喜欢穿长裙，她昨天在商场买了蓝色的新裙子。

词语学习　Word Learning

识写

1 上班 shàng//bān	go to work	5 下班 xià//bān　get off work
2 穿 chuān	wear	6 在家 zàijiā　at home
3 放假 fàng//jià	have a holiday/vacation	7 长 cháng　long
4 工作 gōngzuò	work	8 商场 shāngchǎng　shopping mall

99

第四单元 穿衣打扮

 识读

1. 西装　xīzhuāng　Western suit
2. 衬衫　chènshān　shirt
3. 牛仔裤　niúzǎikù　jeans
4. 裙　qún　skirt
5. 裙子　qúnzi　skirt

活动与练习 Activities and Exercises

一、学生词，说一说 Study the new words and talk about them

Extra words

- xiào fú 校服 school uniform
- T xù 恤 T-shirt
- niú zǎi kù 牛仔裤 jeans
- duǎn kù 短裤 shorts
- yǔ róng fú 羽绒服 down jacket
- máo yī 毛衣 sweater
- wài tào 外套 coat
- bèi xīn 背心 waistcoat

二、说一说，写一写 Talk and write

 课文二 Text 2

小叶：你夏天穿什么校服？

大枫：夏天是T恤和短裤。

小叶：冬天呢？

大枫：冬天外边是黄色外套，
里边穿衬衫和毛衣。

 词语学习 Word Learning

识写

 外边　wàibian　outside　　 里边　lǐbian　inside

第四单元 穿衣打扮

 识读

1	夏天	xiàtiān	summer	5	冬天	dōngtiān	winter
2	校服	xiàofú	school uniform	6	外套	wàitào	coat
3	T恤	T xù	T-shirt	7	毛衣	máoyī	sweater
4	短裤	duǎnkù	shorts				

 活动与练习 Activities and Exercises

一、用中文说一说 Talk about them in Chinese

Extra words

yùn dòng xié 运动鞋 sport shoes
mào zi 帽子 hat
shǒu tào 手套 gloves
wéi jīn 围巾 scarf
pí xié 皮鞋 leather shoes
wà zi 袜子 socks
xī zhuāng 西装 Western suit
lǐng dài 领带 tie

二、根据以下图片，说一说你和你的家人都喜欢穿什么颜色的衣服，并写下来
Tell me what color clothes you and your family like to wear, and write them down based on the following pictures

Example:

wǒ bà ba xǐ huan chuān huáng sè de kù zi
我爸爸喜欢穿 黄色的裤子。

课文三 Text 3

妈妈：这家商店的衣服很好看，上次给你买的裙子就很漂亮。

小叶：是啊，妈妈，再买一件吧。

妈妈：行，这件红色的衣服怎么样？

小叶：我不喜欢红色，我觉得黄色比红色好看。

妈妈：那就试一下这件黄色的。

识写

1. 家 jiā — a measure word for enterprises
2. 商店 shāngdiàn — shop
3. 上次 shàng cì — last time
4. 行 xíng — OK
5. 怎么样 zěnmeyàng — how about
6. 比 bǐ — compare, contrast
7. 试 shì — try

 识读

 件　jiàn　a measure word for clothes

本课语法　Grammar in This Lesson

比

- 楼上比楼下热。
- 机场比火车站远。
- 孩子今年比去年高多了。

语法练习　Grammar exercises

一、用"比"改写下面的句子 Rewrite the following sentences using "比"

 Example:
红色的衬衫大。黄色的衬衫小。（比）
→ <u>红色的衬衫比黄色衬衫大。</u>/<u>黄色的衬衫比红色的衬衫小。</u>

大明 10 岁。小王 8 岁。（比）

1. _____ 比 _____ 。

2. _____ 比 _____ 。

二、用"没有"改写下面的句子 Rewrite the following sentences using "没有"

 Example:
我的书比大枫多。（没有）
→ <u>我的书没有大枫多。</u>

1. 这件衣服比那件好看。_____

2. 大枫比小叶高。_____

 活动与练习　Activities and Exercises

 小组活动　Group work

1. 每个学生选择一个自己的玩偶，并给玩偶准备几件衣服，带到学校。
2. 老师拿一个玩偶做示范：说出一件衣服的中文名称，说一件，穿一件。
3. 学生两个人一组，一个人说衣服的中文名称，另一个人挑出这件衣服，并给玩偶穿上。
4. 最后请一组同学到讲台上表演给全班同学看。

1. Each student chooses a doll of his own and prepares some clothes for the doll before taking it to school.
2. The teacher takes a doll as an example to tell the Chinese names of the clothes. He puts on a piece of clothes after he tells its name.
3. Students work in pairs. One person tells the Chinese name of the clothes, and another person picks out the clothes and puts it on the doll.
4. Finally, ask a group of students to perform on the platform for the whole class.

第十二课　人体部位
Lesson 12　Body Parts

🍎　手　　　shǒu　　　hand

第四单元 穿衣打扮

识读

1	头发	tóufa	hair		9	胳膊	gēbo	arm
2	眼睛	yǎnjing	eye		10	手指	shǒuzhǐ	finger
3	耳朵	ěrduo	ear		11	胸	xiōng	chest
4	鼻子	bízi	nose		12	腿	tuǐ	leg
5	牙齿	yáchǐ	tooth		13	膝盖	xīgài	knee
6	嘴巴	zuǐba	mouth		14	脚	jiǎo	foot
7	脖子	bózi	neck		15	脚趾	jiǎozhǐ	toe
8	肩膀	jiānbǎng	shoulder					

活动与练习 Activities and Exercises

用中文说一说 Talk about them in Chinese

课文二　Text 2

我的妹妹很好看。她有大大的眼睛、黑黑的眉毛、高高的鼻子和小小的嘴巴。她的头发不长也不短，个子不高也不矮。她是个很爱笑的女孩儿，很少生气，我常常听见她给爷爷唱外语歌。我喜欢我的妹妹。你呢？你有妹妹吗？

词语学习　Word Learning

识写

1	高	gāo — high
2	笑	xiào — smile
3	女孩儿	nǚháir — girl
4	生气	shēng//qì — angry
5	听见	tīng//jiàn — hear
6	爷爷	yéye — (paternal) grandpa
7	唱	chàng — sing
8	外语	wàiyǔ — foreign language

 识读

1. 眉毛 méimao eyebrow
2. 短 duǎn (in length) short
3. 矮 ǎi (of stature) short

本课语法 Grammar in This Lesson

有

- 她有大大的眼睛。
- 一天有24个小时。
- 中国有山有水。
- 我没有姐姐。

活动与练习 Activities and Exercises

一、说一说，写一写 Talk and write

二、根据图画做对话 Make a dialog based on the picture

A：nǐ mèi mei zhǎng shén me yàng
你妹妹长什么样？

B：tā zhǎng de　　　　　　tā yǒu
她长得_____。她有_____、

hé
_____和_____。

三、活动：猜猜他 / 她是谁？ Activity: Guess who he/she is?

1. 全班同学参加。The whole class joins in the activity.
2. 老师或者一个学生描述另一位老师或者同学，其他同学根据描述来猜测他 / 她是谁。A teacher or a student describes another teacher/student and other students guess who is.

Example:

老师：他 长 得 高 高 的。他 有 黑 色 的
短 发。他 是 中 国 人。

学生：王 老 师。

课文三　　Text 3

冬 天 天 气 太 冷 了。今
天 大 枫 生 病 了，头 很 痛。
下 午 妈 妈 带 他 去 医 院 看
病。医 生 让 他 多 喝 水，先
在 家 休 息，好 了 再 上 学。

词语学习　Word Learning

识写

1. 天气　tiānqì　weather
2. 太　tài　too
3. 冷　lěng　cold
4. 病　bìng　sick
5. 医院　yīyuàn　hospital
6. 医生　yīshēng　doctor
7. 喝　hē　drink
8. 水　shuǐ　water
9. 先　xiān　first

识读

休息　xiūxi　have a rest

本课语法　Grammar in This Lesson

先	再
・我先去路口等着。	・请您再说一遍。
・谁先说？	・欢迎再来。
・你们先坐下吧！	・今天电话没说完，明天我再打。

活动与练习 Activities and Exercises

一、写出下列词语的拼音，然后造句 Write the Pinyin of the following words, and then make sentences

	拼音 Pinyin	句子 Sentences
天气		
冷		
头		
头发		
高		

二、根据给出的句子和括号内的提示，写一个新句子 Write each new sentence based on the sentences and the clues provided in the parentheses

Example:

dà fēng xià wǔ sān diǎn huí jiā　xiǎo yè xià wǔ sì diǎn huí jiā　bǐ　xiān
大枫下午三点回家。小叶下午四点回家。（比　先）

dà fēng bǐ xiǎo yè xiān huí jiā
大枫比小叶先回家。

bà ba wǎn shang shí diǎn shuì jiào　mā ma wǎn shang jiǔ diǎn shuì jiào　bǐ　xiān
1. 爸爸晚上十点睡觉。妈妈晚上九点睡觉。（比　先）

_____

dà fēng　suì　xiǎo yè　suì　xiǎo míng　suì　zuì
2. 大枫10岁。小叶8岁。小明6岁。（最）

_____

tā huì shuō yīng wén　tā huì shuō zhōng wén　yě
3. 他会说英文。他会说中文。（也）

_____

dà fēng shì wǒ péng you　xiǎo yè shì wǒ péng you　hé　dōu
4. 大枫是我朋友。小叶是我朋友。（和　都）

_____

第四单元 穿衣打扮

译一译 Translation

一、将下列中文翻译成英文 Translate the following Chinese into English

① 红色_____ ② 黄色_____ ③ 白色_____

④ 房间_____ ⑤ 桌子_____ ⑥ 对_____

⑦ 工作_____ ⑧ 穿_____ ⑨ 衣服_____

二、将下面的英文对话翻译成中文，并跟同学进行对话练习
Translate the following English dialog into Chinese, and practice it with your classmates

(Bob is visiting Nick's home.)

Nick: Hello, Bob! Welcome to my home.

Bob: Thanks.

Nick: Do you want to look around?

Bob: Yes. Your home is pretty. Which room is yours?

Nick: This one is mine, and that one is my parents'.

Bob: Wow! Your room is big and I like your white table and blue bed.

Nick: Yes! I like them, too. What color do you like best?

Bob: I like blue.

Nick: Me too.

Bob: Is this your family photo?

Nick: Yes. The little girl on the photo is my sister Lisa.

Bob: She is pretty with big eyes and a small mouth.

Nick: Yes. She is very cute.

中国古诗
Classical Chinese Poem

静夜思 (jìng yè sī)

[唐] 李白 (táng lǐ bái)

床前明月光, (chuáng qián míng yuè guāng)
疑是地上霜。 (yí shì dì shàng shuāng)
举头望明月, (jǔ tóu wàng míng yuè)
低头思故乡。 (dī tóu sī gù xiāng)

在教师的指导下，背诵这首诗。
Recite this poem under the teacher's instruction.

第五单元
Unit 5

三餐饮食
sān cān yǐn shí

Three Meals a Day

第十三课 蔬菜水果
Lesson 13　Fruits and Vegetables

课文一　Text 1

大枫：你xǐ huan chī shū cài ma？
你喜欢吃蔬菜吗？

小叶：wǒ fēi cháng xǐ huan。
我非常喜欢。

大枫：nǐ xǐ huan chī shén me shū cài？
你喜欢吃什么蔬菜？

小叶：wǒ xǐ huan chī huáng guā、tǔ dòu、
我喜欢吃黄瓜、土豆、
xī hóng shì。nǐ ne？
西红柿。你呢？

大枫：wǒ bú tài xǐ huan chī shū cài，wǒ ài chī ròu。zài jiā chī fàn
我不太喜欢吃蔬菜，我爱吃肉。在家吃饭
shí mā ma dōu yào wǒ chī shū cài，dàn yǒu shí hou chū qu chī
时妈妈都要我吃蔬菜，但有时候出去吃
fàn，wǒ jiù wàng jì le。
饭，我就忘记了。

词语学习　Word Learning

识写

| 1 | 非常 | fēicháng | very, extremely |
| 2 | 肉 | ròu | meat |

3	吃饭	chī//fàn	eat, have a meal		
4	要	yào	ask sb. to do sth.		
5	有时候	yǒushíhou	sometimes		
6	出去	chū//qu	go out		
7	忘记	wàngjì	forget		

识读

1	蔬菜	shūcài	vegetable
2	黄瓜	huángguā	cucumber
3	土豆	tǔdòu	potato
4	西红柿	xīhóngshì	tomato

本课语法　Grammar in This Lesson

非常

- 我非常喜欢吃蔬菜。
- 房间里非常冷。
- 她非常漂亮。

活动与练习　Activities and Exercises

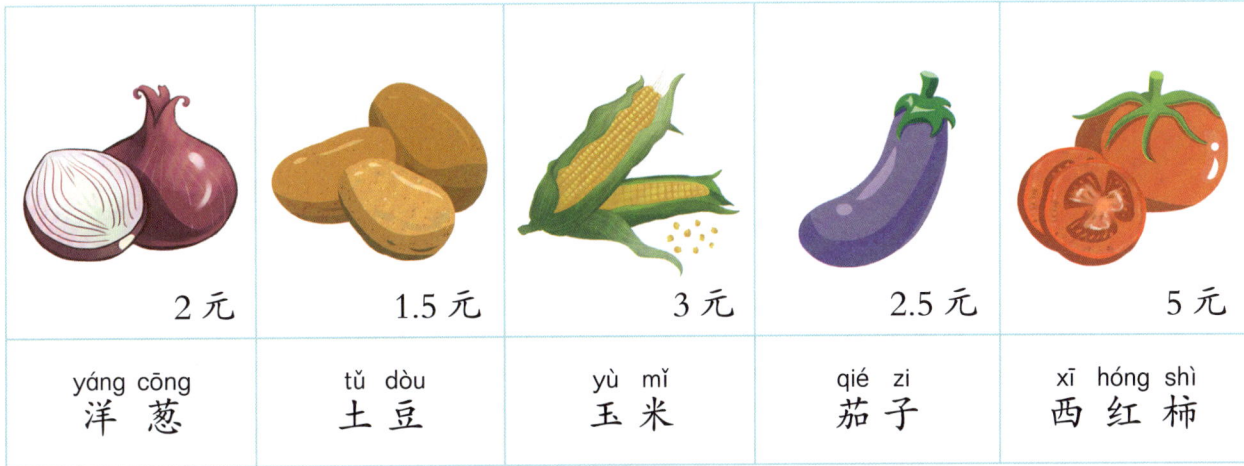

2元	1.5元	3元	2.5元	5元
yáng cōng 洋葱	tǔ dòu 土豆	yù mǐ 玉米	qié zi 茄子	xī hóng shì 西红柿

第五单元 三餐饮食

根据图片完成练习 Complete the exercises according to the pictures

1. 看图说词语。Talk about the pictures using the words.

2. 假如你有10元，你能买什么东西？请把句子写下来。
   If you have 10 yuan, what can you buy? Please write the sentences.

大枫：你喜欢吃水果吗？

小叶：喜欢，我每天起床后都吃两三种水果。

大枫：你喜欢吃哪些水果？

小叶：苹果、香蕉、橘子，这些我都喜欢。妈妈会在早饭时准备一些我爱吃的水果。你呢？

大枫：我喜欢吃西瓜，放学回到家口渴了我就吃西瓜。

词语学习　Word Learning

识写

1. 水果　shuǐguǒ　fruit
2. 起床　qǐ//chuáng　get up
3. 哪些　nǎxiē　which, what
4. 这些　zhèxiē　these

第五单元 三餐饮食

5	在	zài	at, on, in
6	早饭	zǎofàn	breakfast
7	一些	yìxiē	some

8	放学	fàng//xué	school is over
9	回到	huídào	back to
10	渴	kě	thirsty

识读

1	种	zhǒng	variety, species
2	苹果	píngguǒ	apple
3	香蕉	xiāngjiāo	banana

| 4 | 橘子 | júzi | orange |
| 5 | 西瓜 | xīguā | watermelon |

活动与练习 Activities and Exercises

一、根据图片完成练习 Complete the exercises according to the pictures

1. 看图说词语。Talk about the pictures using the words.

2. 这些水果都是什么颜色的？请你说一说，并把句子写下来。
   What colors are these fruits? Talk about them and write the sentences.

Example:

这是西瓜，西瓜是红色的。

蔬菜水果 13

二、创意作业 Project

1. 学习说 6 种以上的蔬菜和水果。

   Learn to say more than six kinds of fruits and vegetables.

2. 画出这些你喜欢吃的蔬菜和水果，并用中文标注。

   Draw the fruits and vegetables you like, and mark them in Chinese.

第十四课　一日三餐
Lesson 14　　Three Meals a Day

课文一　Text 1

大枫：<ruby>你<rt>nǐ</rt></ruby> <ruby>喜<rt>xǐ</rt></ruby> <ruby>欢<rt>huan</rt></ruby> <ruby>吃<rt>chī</rt></ruby> <ruby>中<rt>zhōng</rt></ruby> <ruby>餐<rt>cān</rt></ruby> <ruby>还<rt>hái</rt></ruby> <ruby>是<rt>shi</rt></ruby> <ruby>西<rt>xī</rt></ruby> <ruby>餐<rt>cān</rt></ruby>？

小叶：<ruby>我<rt>wǒ</rt></ruby> <ruby>都<rt>dōu</rt></ruby> <ruby>喜<rt>xǐ</rt></ruby> <ruby>欢<rt>huan</rt></ruby> <ruby>吃<rt>chī</rt></ruby>。

大枫：<ruby>我<rt>wǒ</rt></ruby> <ruby>早<rt>zǎo</rt></ruby> <ruby>上<rt>shang</rt></ruby> <ruby>起<rt>qǐ</rt></ruby> <ruby>来<rt>lai</rt></ruby> <ruby>爱<rt>ài</rt></ruby> <ruby>吃<rt>chī</rt></ruby> <ruby>面<rt>miàn</rt></ruby> <ruby>包<rt>bāo</rt></ruby>、<ruby>喝<rt>hē</rt></ruby> <ruby>牛<rt>niú</rt></ruby> <ruby>奶<rt>nǎi</rt></ruby>，<ruby>午<rt>wǔ</rt></ruby> <ruby>饭<rt>fàn</rt></ruby> <ruby>喜<rt>xǐ</rt></ruby> <ruby>欢<rt>huān</rt></ruby> <ruby>吃<rt>chī</rt></ruby> <ruby>热<rt>rè</rt></ruby> <ruby>狗<rt>gǒu</rt></ruby>、<ruby>汉<rt>hàn</rt></ruby> <ruby>堡<rt>bǎo</rt></ruby> <ruby>包<rt>bāo</rt></ruby> <ruby>和<rt>hé</rt></ruby> <ruby>比<rt>bǐ</rt></ruby> <ruby>萨<rt>sà</rt></ruby> <ruby>饼<rt>bǐng</rt></ruby>。

小叶：<ruby>我<rt>wǒ</rt></ruby> <ruby>生<rt>shēng</rt></ruby> <ruby>病<rt>bìng</rt></ruby> <ruby>时<rt>shí</rt></ruby> <ruby>喜<rt>xǐ</rt></ruby> <ruby>欢<rt>huan</rt></ruby> <ruby>吃<rt>chī</rt></ruby> <ruby>中<rt>zhōng</rt></ruby> <ruby>餐<rt>cān</rt></ruby>，<ruby>身<rt>shēn</rt></ruby> <ruby>体<rt>tǐ</rt></ruby> <ruby>会<rt>huì</rt></ruby> <ruby>舒<rt>shū</rt></ruby> <ruby>服<rt>fu</rt></ruby> <ruby>一<rt>yì</rt></ruby> <ruby>些<rt>xiē</rt></ruby>。

大枫：<ruby>你<rt>nǐ</rt></ruby> <ruby>喜<rt>xǐ</rt></ruby> <ruby>欢<rt>huan</rt></ruby> <ruby>喝<rt>hē</rt></ruby> <ruby>什<rt>shén</rt></ruby> <ruby>么<rt>me</rt></ruby> <ruby>饮<rt>yǐn</rt></ruby> <ruby>料<rt>liào</rt></ruby>？

小叶：<ruby>我<rt>wǒ</rt></ruby> <ruby>白<rt>bái</rt></ruby> <ruby>天<rt>tiān</rt></ruby> <ruby>喜<rt>xǐ</rt></ruby> <ruby>欢<rt>huan</rt></ruby> <ruby>喝<rt>hē</rt></ruby> <ruby>可<rt>kě</rt></ruby> <ruby>乐<rt>lè</rt></ruby>，<ruby>晚<rt>wǎn</rt></ruby> <ruby>上<rt>shang</rt></ruby> <ruby>爱<rt>ài</rt></ruby> <ruby>喝<rt>hē</rt></ruby> <ruby>牛<rt>niú</rt></ruby> <ruby>奶<rt>nǎi</rt></ruby>。

大枫：<ruby>我<rt>wǒ</rt></ruby> <ruby>也<rt>yě</rt></ruby> <ruby>喜<rt>xǐ</rt></ruby> <ruby>欢<rt>huan</rt></ruby> <ruby>可<rt>kě</rt></ruby> <ruby>乐<rt>lè</rt></ruby>，<ruby>我<rt>wǒ</rt></ruby> <ruby>早<rt>zǎo</rt></ruby> <ruby>晚<rt>wǎn</rt></ruby> <ruby>都<rt>dōu</rt></ruby> <ruby>喝<rt>hē</rt></ruby>。<ruby>我<rt>wǒ</rt></ruby> <ruby>常<rt>cháng</rt></ruby> <ruby>常<rt>cháng</rt></ruby> <ruby>一<rt>yì</rt></ruby> <ruby>边<rt>biān</rt></ruby> <ruby>喝<rt>hē</rt></ruby> <ruby>可<rt>kě</rt></ruby> <ruby>乐<rt>lè</rt></ruby> <ruby>一<rt>yì</rt></ruby> <ruby>边<rt>biān</rt></ruby> <ruby>看<rt>kàn</rt></ruby> <ruby>球<rt>qiú</rt></ruby>。

14 一日三餐

词语学习　Word Learning

识写

1	还是	háishi	or	6	生病	shēng//bìng	fall ill
2	起来	qǐ//lai	get up	7	身体	shēntǐ	body
3	面包	miànbāo	bread	8	白天	báitiān	day
4	牛奶	niúnǎi	milk	9	一边	yìbiān	indicating two actions taking place at the same time
5	午饭	wǔfàn	lunch	10	球	qiú	ball

识读

1	中餐	zhōngcān	Chinese food	3	饮料	yǐnliào	drink, beverage
2	西餐	xīcān	Western food	4	可乐	kělè	cola

本课语法　Grammar in This Lesson

还是

- 你喜欢吃西餐还是中餐？
- 我们坐车去公园还是走着去？
- 你喝水还是喝牛奶？
- 你今天去还是明天去呢？

一边……，一边……

- 爸爸一边跑步，一边打电话。
- 我一边喝可乐一边看球。
- 他一边听音乐一边运动。

第五单元 三餐饮食

 活动与练习　Activities and Exercises

一、用"吗、谁、什么",问一问你的朋友
Ask your friends some questions using "吗","谁" or "什么"

 Example:

nǐ xǐ huan chī miàn bāo ma
你喜欢吃面包吗?

shéi xǐ huan hē kā fēi
谁喜欢喝咖啡?

nǐ xǐ huan chī/hē shén me
你喜欢吃/喝什么?

二、看图说词语并造句
Talk about the pictures using the words and make sentences

hàn bǎo bāo 汉堡包	rè gǒu 热狗	bǐ sà bǐng 比萨饼	shǔ tiáo 薯条	kā fēi 咖啡
yóu tiáo 油条	zhōu 粥	jiǎo zi 饺子	hún tun 馄饨	bāo zi 包子

 Example:

wǒ yǒu yí gè péng you jiào　　　　　tā tā xǐ huan
我有一个朋友叫_____,他/她喜欢_____。

三、填空并完成句子 Fill in the blanks and finish the sentences

早饭	
吃	喝

午饭	
吃	喝

晚饭	
吃	喝

wǒ zǎo fàn chī　　　　　　　hē
我早饭吃_____，喝_____。

wǒ wǔ fàn chī　　　　　　　hē
我午饭吃_____，喝_____。

wǒ wǎn fàn
我晚饭_____。

课文二　Text 2

wǒ de tóng xué xiǎo yè yì jiā dōu xǐ huan chī zhōng cān　zǎo fàn
我的同学小叶一家都喜欢吃中餐。早饭
tā men yì bān huì chī yóu tiáo　wǔ fàn chī miàn tiáor huò zhě jiǎo zi
他们一般会吃油条，午饭吃面条儿或者饺子，
wǎn fàn yì bān chī cài hé mǐ fàn　zhōu mò tā men jīng cháng qù fàn diàn
晚饭一般吃菜和米饭。周末他们经常去饭店
chī fàn
吃饭。

第五单元　三餐饮食

词语学习　Word Learning

识写

1	他们	tāmen	they, them
2	会	huì	will
3	面条儿	miàntiáor	noodles
4	米饭	mǐfàn	cooked rice
5	饭店	fàndiàn	restaurant

识读

1	或者	huòzhě	or
2	饺子	jiǎozi	dumpling
3	周末	zhōumò	weekend

活动与练习　Activities and Exercises

一、根据图片完成练习 Complete the exercises according to the pictures

1. 看图说词语。Talk about the pictures using the words.
2. 来到中国后，你和你的家人喜欢吃什么？喜欢喝什么？请你说一说，并把句子写下来。What would you and your family like to eat or drink after coming to China? Say it and write down the sentences.

| xiǎo lóng bāo | zòng zi | miàn tiáor |
| 小笼包 | 粽子 | 面条儿 |

shāo mài 烧卖	dòu jiāng 豆浆	mán tou 馒头

二、对话练习 Dialog practice

A：wǒ men yì qǐ qù chī wǔ fàn ba
我们一起去吃午饭吧！

B：nà tài hǎo le
那太好了！

A：nǐ xiǎng chī xī cān hái shi zhōng cān
你想吃西餐还是中餐？

B：wǒ xiǎng chī zhōng cān
我想吃中餐。

A：nǐ xiǎng chī hàn bǎo bāo hái shi bǐ sà bǐng
你想吃汉堡包还是比萨饼？

B：wǒ xiǎng chī hàn bǎo bāo
我想吃汉堡包。

A：nǐ xiǎng hē kě lè hái shi guǒ zhī
你想喝可乐还是果汁？

B：wǒ xiǎng hē guǒ zhī
我想喝果汁。

第五单元　三餐饮食

课后活动　After-Class Activity

和爸爸妈妈一起，为你家设计一份一周菜单，包括下列内容：
Design a weekly menu for your family with your parents that includes:

· 食物的品种　The type of food
· 饮料的品种　The type of drinks

	早饭	午饭	晚饭
星期一			
星期二			
星期三			
星期四			
星期五			
星期六			
星期日			

130

第十五课　外出就餐
Lesson 15　Eating out

课文一　Text 1

大枫：你们家常去饭店吃饭吗？
nǐ men jiā cháng qù fàn diàn chī fàn ma

小叶：每两个星期去一次。
měi liǎng gè xīng qī qù yí cì

大枫：你们常去哪家饭店吃饭？
nǐ men cháng qù nǎ jiā fàn diàn chī fàn

小叶：我们常去上海饭店吃饭，他们家的饭菜非常好吃。
wǒ men cháng qù shàng hǎi fàn diàn chī fàn，tā men jiā de fàn cài fēi cháng hǎo chī

大枫：我在路上看见过，这家饭店贵吗？
wǒ zài lù shang kàn jiàn guo，zhè jiā fàn diàn guì ma

小叶：不贵，但是有点儿远。
bú guì，dàn shì yǒu diǎnr yuǎn

大枫：后天是我奶奶生日，我们就开车去上海饭店吃。
hòu tiān shì wǒ nǎi nai shēng rì，wǒ men jiù kāi chē qù shàng hǎi fàn diàn chī

第五单元 三餐饮食

词语学习 Word Learning

识写

1. 常 cháng often
2. 路上 lùshang on the way
3. 看见 kàn//jiàn see
4. 贵 guì expensive
5. 后天 hòutiān the day after tomorrow
6. 奶奶 nǎinai (paternal) grandma
7. 开车 kāi//chē drive a car

活动与练习 Activities and Exercises

一、对话练习 Dialog practice

Example:
A: 面条儿怎么样？ (miàn tiáor zěn me yàng)
B: 非常好吃。 (fēi cháng hǎo chī)

参考词语 Words for Reference

| tè bié hǎo chī | fēi cháng hǎo chī | hěn hǎo chī | hǎo chī |
| 特别好吃 | 非常好吃 | 很好吃 | 好吃 |

| bú cuò | hái kě yǐ | bú tài hǎo chī |
| 不错 | 还可以 | 不太好吃 |

| bù hǎo chī | hěn nán chī | tài nán chī le |
| 不好吃 | 很难吃 | 太难吃了 |

二、谈谈你外出就餐的经历 Describe one of your eating-out experiences

shàng gè xīng qī liù wǒ men quán jiā rén qù fàn diàn chī fàn le
上个星期六我们全家人去饭店吃饭了。

wǒ men qù le shàng hǎi fàn diàn
我们去了上海饭店。

wǒ men chī le bāo zi miàn tiáor děng wǒ men hē le zhōu zhōu hěn hǎo hē
我们吃了包子、面条儿等。我们喝了粥，粥很好喝。

wǒ men hái hē le kě lè
我们还喝了可乐。

wǒ men yí gòng huā le liǎng bǎi duō kuài
我们一共花了两百多块。

小叶：您好，这儿的苹果怎么卖？

店员：小朋友，苹果十块（元）钱一斤。

小叶：这边的西瓜多少钱一斤？

店员：两块五一斤。

小叶：我买一斤苹果、半个西瓜，再来两斤橘子。一共多少钱？

店员：一共三十六块五（毛）。

小叶：等一会儿，我拿钱包。

店员：没事儿，慢慢找。

小叶：找到了，给您。

店员：好的，慢走啊。

15 外出就餐

词语学习 Word Learning

识写

1. 这儿　zhèr　here
2. 小朋友　xiǎopéngyǒu　little boy/girl
3. 这边　zhèbiān　here
4. 半　bàn　half
5. 一会儿　yíhuìr　a little while
6. 钱包　qiánbāo　wallet
7. 找到　zhǎo//dào　find
8. 走　zǒu　walk
9. 慢　màn　slow

活动与练习 Activities and Exercises

一、说一说你们家这周买了什么东西，花了多少钱
　　Talk about what your family bought this week and how much they cost

买的东西	价格

第五单元 三餐饮食

二、角色扮演 Role play

Situation 1:

3～4个学生一组摆摊卖食物。你需要从家里带来要卖的食物，并在字典中查一些新的量词。

Set up stalls to sell food in groups of 3-4 students. You need to bring food to be sold from home and look up some new measure words in the dictionary.

A：一个热狗多少钱？
yí gè rè gǒu duō shao qián

B：十块。
shí kuài

Situation 2:

3～4个学生一组卖衣服。你需要从家里带一些衣服和价格标签。

Sell clothes in groups of 3-4 students. You need to bring some clothes from home with the price tags.

| chèn shān | dà yī | wài tào | xù | cháng qún | yǒng kù |
| 衬衫 | 大衣 | 外套 | T恤 | 长裙 | 泳裤 |

| yǒng yī | máo yī | cháng kù | duǎn kù | duǎn qún | niú zǎi kù |
| 泳衣 | 毛衣 | 长裤 | 短裤 | 短裙 | 牛仔裤 |

Example:

A：<ruby>这<rt>zhè</rt></ruby> <ruby>件<rt>jiàn</rt></ruby> <ruby>衬<rt>chèn</rt></ruby> <ruby>衫<rt>shān</rt></ruby> <ruby>多<rt>duō</rt></ruby> <ruby>少<rt>shao</rt></ruby> <ruby>钱<rt>qián</rt></ruby>？

B：<ruby>九<rt>jiǔ</rt></ruby> <ruby>十<rt>shí</rt></ruby> <ruby>五<rt>wǔ</rt></ruby> <ruby>块<rt>kuài</rt></ruby>。

A：<ruby>我<rt>wǒ</rt></ruby> <ruby>不<rt>bù</rt></ruby> <ruby>喜<rt>xǐ</rt></ruby> <ruby>欢<rt>huan</rt></ruby> <ruby>绿<rt>lǜ</rt></ruby> <ruby>色<rt>sè</rt></ruby> <ruby>的<rt>de</rt></ruby>。
<ruby>你<rt>nǐ</rt></ruby> <ruby>们<rt>men</rt></ruby> <ruby>有<rt>yǒu</rt></ruby> <ruby>红<rt>hóng</rt></ruby> <ruby>色<rt>sè</rt></ruby> <ruby>的<rt>de</rt></ruby> <ruby>吗<rt>ma</rt></ruby>？

B：<ruby>有<rt>yǒu</rt></ruby>，<ruby>请<rt>qǐng</rt></ruby> <ruby>等<rt>děng</rt></ruby> <ruby>一<rt>yi</rt></ruby> <ruby>等<rt>děng</rt></ruby>。<ruby>这<rt>zhè</rt></ruby> <ruby>件<rt>jiàn</rt></ruby> <ruby>呢<rt>ne</rt></ruby>？

A：<ruby>很<rt>hěn</rt></ruby> <ruby>好<rt>hǎo</rt></ruby>，<ruby>我<rt>wǒ</rt></ruby> <ruby>要<rt>yào</rt></ruby> <ruby>了<rt>le</rt></ruby>。

Situation 3:

3~4个学生一组，售卖以下物品。

Sell the following items in groups of 3-4 students.

huáng guā
黄 瓜 ￥2.2/斤

píng guǒ
苹 果 ￥10.00/四个

shēng cài
生 菜 ￥3.00/斤

xī guā
西 瓜 ￥1.20/斤

第五单元　三餐饮食

xī hóng shì
西红柿　￥4.00/斤

jú zi
橘子　￥10.00/五个

niú zǎi kù
牛仔裤　￥260/条

máo yī
毛衣　￥220/件

chèn shān
衬衫　￥150/件

wài tào
外套　￥300/件

xù
T恤　￥50/件

duǎn kù
短裤　￥70/条

Example:

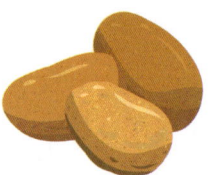

xī lán huā duō shao qián
A：西蓝花多少钱？

wǔ kuài yí gè
B：五块一个。

tǔ dòu duō shao qián yì jīn
A：土豆多少钱一斤？

sān kuài wǔ
B：三块五。

wǒ mǎi yí gè xī lán huā hé yì jīn tǔ dòu
A：我买一个西蓝花和一斤土豆。

yí gòng bā kuài wǔ
B：一共八块五。

138

译一译 Translation

一、翻译短语或句子 Translate the phrases or sentences

1. It doesn't matter.　　　　　　　　　没关系。

2. one hundred yuan　　　　　　　　　_____

3. go to the restaurant　　　　　　　　_____

4. eat Chinese food　　　　　　　　　_____

5. make a phone call　　　　　　　　　_____

6. how much　　　　　　　　　　　　_____

二、将下面的英文对话翻译成中文，并跟同学进行对话练习 Translate the following English dialog into Chinese, and practice it with your classmate

(Bob and Nick meet each other after dinner.)

Bob: Good evening, Nick.

Nick: Good evening. Have you had dinner?

Bob: Yes, I have. I had noodles and some fruit for my dinner. How about you?

Nick: I had some fish, fruits and vegetables.

Bob: What fruits do you like?

Nick: I like apples, bananas, and watermelons.

Bob: Apple is my favorite fruit, but I don't like eating vegetables.

Nick: My father told me that vegetables are healthy.

Bob: Yes, I know. Do you often eat them at home?

Nick: Not really. Sometimes my parents take me to restaurants.

Bob: Me too. I often go to Chinese restaurants.

中国古诗
Classical Chinese Poem

悯农（其二）

[唐] 李绅

锄禾日当午，
汗滴禾下土。
谁知盘中餐，
粒粒皆辛苦。

在教师的指导下，背诵这首诗。
Recite this poem under the teacher's instruction.

词汇表（识写）

A

爱好	àihào	hobby	6

B

八	bā	eight	2
爸爸	bàba	father	5
吧	ba	*a modal particle*	8
白天	báitiān	day	14
半	bàn	half	15
杯	bēi	cup, glass (*a measure word usually used for liquids*)	9
杯子	bēizi	cup	9
北京	Běijīng	Beijing	5
比	bǐ	compare, contrast	11
别的	biéde	other	6
病	bìng	sick	12
不客气	bú kèqi	You're welcome.	9
不	bù	no	3

C

茶	chá	tea	9
差	chà	fall short of, to	8
长	cháng	long	11
常	cháng	often	15
常常	chángcháng	often	5
唱	chàng	sing	12
唱歌	chàng//gē	sing (a song)	6
车站	chēzhàn	station, stop	8
吃饭	chī//fàn	eat, have a meal	13

| 出去 | chū//qu | go out | 13 |
| 穿 | chuān | wear | 11 |

D

打	dǎ	take (a taxi)	9
打车	dǎ//chē	take a taxi	9
的	de	*used to indicate possession*	4
等	děng	wait	9
弟弟	dìdi	younger brother	5
点	diǎn	o'clock	8
电脑	diànnǎo	computer	6
电视	diànshì	television	6
电影	diànyǐng	movie	6
都	dōu	all	5
对	duì	right, correct	10
对不起	duìbuqǐ	sorry	9
多	duō	many	5
多少	duōshao	how much	9

E

| 二 | èr | two | 2 |

F

饭店	fàndiàn	restaurant	14
房间	fángjiān	room	10
放假	fàng//jià	have a holiday/vacation	11
放学	fàng//xué	school is over	13
飞机	fēijī	aircraft	6
非常	fēicháng	very, extremely	13
分	fēn	minute	8

G

| 干净 | gānjìng | clean | 9 |
| 高 | gāo | high | 12 |

高兴	gāoxìng	happy	3
哥哥	gēge	elder brother	5
歌	gē	song	6
给	gěi	give	7
跟	gēn	with	5
工作	gōngzuò	work	11
贵	guì	expensive	15
国	guó	nation, country	4
过	guò	pass	8

H

还	hái	also	5
还是	háishi	or	14
还有	hái yǒu	also have	6
孩子	háizi	child	5
汉字	Hànzì	Chinese character	6
好	hǎo	good, well	3
好吃	hǎochī	delicious	7
好看	hǎokàn	attractive	6
好听	hǎotīng	pleasant to hear	6
好玩儿	hǎowánr	interesting	6
号	hào	date	7
喝	hē	drink	12
和	hé	and	5
很	hěn	very	3
后	hòu	after	8
后边	hòubian	behind	5
后天	hòutiān	the day after tomorrow	15
花	huā	flower	2
话	huà	language	4
回	huí	return, go back	8
回到	huídào	back to	13
会	huì	can	4

143

| 会 | huì | will | 14 |

J

几	jǐ	how many	5
家	jiā	family, home	2
家	jiā	a measure word for enterprises	11
家里	jiā li	(in) the family	5
家人	jiārén	family member	5
教	jiāo	teach	4
叫	jiào	call	4
姐姐	jiějie	elder sister	5
今年	jīnnián	this year	5
今天	jīntiān	today	7
九	jiǔ	nine	2
觉得	juéde	think	8

K

开车	kāi//chē	drive a car	15
看	kàn	read, watch	6
看见	kàn//jiàn	see	15
渴	kě	thirsty	13
口	kǒu	a measure word for people	5
块	kuài	used as a unit of money	9

L

来	lái	bring	9
老师	lǎoshī	teacher	3
冷	lěng	cold	12
里	lǐ	a Chinese measure word for length	2
里边	lǐbian	inside	11
六	liù	six	2
路上	lùshang	on the way	15

M

妈妈	māma	mother	5
马上	mǎshàng	right now	9
吗	ma	*used at the end of a question*	3
慢	màn	slow	15
毛	máo	*used as a unit of money in spoken Chinese, which is equivalent to 0.1 yuan*	9
没事儿	méi//shìr	it doesn't matter	9
没有	méiyǒu	not have, no, not	6
妹妹	mèimei	younger sister	5
们	men	*a suffix to form a plural number*	3
米饭	mǐfàn	cooked rice	14
面包	miànbāo	bread	14
面条儿	miàntiáor	noodles	14
名字	míngzi	name	4
明白	míngbai	understand	4

N

拿	ná	take	8
哪	nǎ	which, where	4
哪些	nǎxiē	which, what	13
奶奶	nǎinai	(paternal) grandma	15
呢	ne	*used at the end of a question*	3
你	nǐ	you	3
你们	nǐmen	you (*plural*)	3
您	nín	you (*honorific*)	3
牛奶	niúnǎi	milk	14
女儿	nǚ'ér	daughter	10
女孩儿	nǚháir	girl	12

P

朋友	péngyou	friend	5

Q

七	qī	seven	2
起床	qǐ//chuáng	get up	13
起来	qǐ//lai	get up	14
汽车	qìchē	automobile	9
前边	qiānbian	front	5
钱	qián	money	9
钱包	qiánbāo	wallet	15
请问	qǐngwèn	excuse me	9
球	qiú	ball	14
去	qù	go, leave	2

R

热	rè	hot	9
人	rén	person	4
认识	rènshi	know	3
日	rì	date	7
肉	ròu	meat	13

S

三	sān	three	2
商场	shāngchǎng	shopping mall	11
商店	shāngdiàn	shop	11
上班	shàng//bān	go to work	11
上次	shàng cì	last time	11
上课	shàng//kè	attend class	8
上午	shàngwǔ	morning	8
上学	shàng//xué	go to school	5
身体	shēntǐ	body	14
什么	shénme	what	4
生病	shēng//bìng	fall ill	14
生气	shēng//qì	angry	12
生日	shēngrì	bithday	7

十	shí	ten	2
试	shì	try	11
是	shì	be (is, am, are)	4
手	shǒu	hand	12
书	shū	book	6
书包	shūbāo	schoolbag	8
水	shuǐ	water	12
水果	shuǐguǒ	fruit	13
睡	shuì	sleep	10
睡觉	shuì//jiào	sleep	8
说	shuō	say, speak	4
四	sì	four	2
岁	suì	year (of age)	5

T

他们	tāmen	they, them	14
她	tā	she, her	4
太	tài	too	12
天气	tiānqì	weather	12
听	tīng	listen	6
听见	tīng//jiàn	hear	12
同学	tóngxué	classmate	4
图书馆	túshūguǎn	library	5

W

外边	wàibian	outside	11
外语	wàiyǔ	foreign language	12
晚饭	wǎnfàn	dinner, supper	7
晚上	wǎnshang	night	8
忘记	wàngjì	forget	13
问	wèn	ask	4
我们	wǒmen	we, us	4
五	wǔ	five	2

| 午饭 | wǔfàn | lunch | 14 |

X

喜欢	xǐhuan	like	6
下班	xià//bān	get off work	11
下次	xià cì	next time	6
下午	xiàwǔ	afternoon	8
先	xiān	first	12
现在	xiànzài	now	8
小学	xiǎoxué	primary school	5
小学生	xiǎoxuéshēng	primary school student	5
笑	xiào	smile	12
写	xiě	write	6
谢谢	xièxie	thank	3
星期	xīngqī	week	7
星期天	xīngqītiān	Sunday	5
行	xíng	OK	11
学	xué	learn, study	4

Y

要	yào	ask sb. to do sth.	13
爷爷	yéye	(paternal) grandpa	12
也	yě	also, too	3
一	yī	one	2
衣服	yīfu	clothes	10
医生	yīshēng	doctor	12
医院	yīyuàn	hospital	12
一会儿	yíhuìr	a little while	15
一块儿	yíkuàir	together	4
一边	yìbiān	*indicating two actions taking place at the same time*	14
一起	yìqǐ	together	4
一些	yìxiē	some	13
有	yǒu	have; there be	5

有时候	yǒushíhou	sometimes	13
有些	yǒuxiē	a little bit	8
右边	yòubian	right (side)	5
元	yuán	used as a unit of money	9
月	yuè	month	7

Z

再见	zàijiàn	goodbye	3
在	zài	at, on, in	13
在家	zàijiā	at home	11
早饭	zǎofàn	breakfast	13
早上	zǎoshang	morning	3
怎么	zěnme	how	9
怎么样	zěnmeyàng	how about	11
找到	zhǎo//dào	find	15
这	zhè	this	5
这边	zhèbiān	here	15
这些	zhèxiē	these	13
真	zhēn	really	5
真的	zhēn de	really	10
中国	Zhōngguó	China	4
中文	Zhōngwén	Chinese (language)	4
中午	zhōngwǔ	noon	8
住	zhù	live	5
准备	zhǔnbèi	get ready	8
桌子	zhuōzi	table	10
走	zǒu	walk	15
最好	zuìhǎo	had better	8
昨天	zuótiān	yesterday	7
左边	zuǒbian	left (side)	5
坐	zuò	take; sit	9

词汇表（识读）

A

| 矮 | ǎi | (of stature) short | 12 |

B

白色	báisè	white	10
鼻子	bízi	nose	12
脖子	bózi	neck	12

C

操场	cāochǎng	playground	8
衬衫	chènshān	shirt	11
村	cūn	village	2

D

大枫	Dàfēng	a person's name	4
蛋糕	dàngāo	cake	7
冬天	dōngtiān	winter	11
动物园	dòngwùyuán	zoo	9
短	duǎn	(in length) short	12
短裤	duǎnkù	shorts	11

E

| 耳朵 | ěrduo | ear | 12 |

F

| 法国 | Fǎguó | France | 4 |
| 粉红色 | fěnhóngsè | pink | 10 |

G

| 胳膊 | gēbo | arm | 12 |

刚	gāng	just now	8
狗	gǒu	dog	5

H

黑色	hēisè	black	10
红色	hóngsè	red	10
画	huà	draw, paint	6
黄瓜	huángguā	cucumber	13
黄色	huángsè	yellow	10
或	huò	or	9
或者	huòzhě	or	14

J

肩膀	jiānbǎng	shoulder	12
件	jiàn	a measure word for clothes	11
角	jiǎo	used as a unit of money in written Chinese, which is equivalent to 0.1 yuan	9
饺子	jiǎozi	dumpling	14
脚	jiǎo	foot	12
脚趾	jiǎozhǐ	toe	12
久	jiǔ	for a long time	3
橘子	júzi	orange	13

K

卡片	kǎpiàn	card	7
开心	kāixīn	happy	7
可乐	kělè	cola	14
客人	kèrén	guest	9

L

蓝色	lánsè	blue	10
林	Lín	a surname	4

M

猫	māo	cat	5

毛笔	máobǐ	writing brush	6
毛衣	máoyī	sweater	11
美国	Měiguó	the United States of America	5
眉毛	méimao	eyebrow	12

N

牛仔裤	niúzǎikù	jeans	11

P

漂亮	piàoliang	pretty, beautiful	10
苹果	píngguǒ	apple	13

Q

全	quán	whole	5
裙	qún	skirt	11
裙子	qúnzi	skirt	11

R

日本	Rìběn	Japan	4

S

收到	shōudào	receive	7
手指	shǒuzhǐ	finger	12
蔬菜	shūcài	vegetable	13
舒服	shūfu	comfortable	10

T

T恤	T xù	T-shirt	11
台	tái	platform, stage	2
踢	tī	kick, play	8
亭	tíng	pavilion	2
头发	tóufa	hair	12
土豆	tǔdòu	potato	13
腿	tuǐ	leg	12

W

外套	wàitào	coat	11
晚安	wǎn'ān	good night	3

X

西餐	xīcān	Western food	14
西瓜	xīguā	watermelon	13
西红柿	xīhóngshì	tomato	13
西装	xīzhuāng	Western suit	11
膝盖	xīgài	knee	12
夏天	xiàtiān	summer	11
香蕉	xiāngjiāo	banana	13
小叶	Xiǎoyè	a person's name	4
校服	xiàofú	school uniform	11
姓	xìng	surname	4
胸	xiōng	chest	12
休息	xiūxi	have a rest	12

Y

牙齿	yáchǐ	tooth	12
烟	yān	smoke, mist	2
眼睛	yǎnjing	eye	12
一共	yígòng	altogether	9
椅子	yǐzi	chair	10
饮料	yǐnliào	drink, beverage	13
英国	Yīngguó	UK	4
英语	Yīngyǔ	English (language)	4
英子	Yīngzi	a person's name	4

Z

只	zhī	*a measure word for certain animals*	5
枝	zhī	branch	2
中餐	zhōngcān	Chinese food	14

种	zhǒng	variety, species	13
周末	zhōumò	weekend	14
足球	zúqiú	football	8
嘴巴	zuǐba	mouth	12
座	zuò	*a measure word for big fixed objects*	2